臺灣歷史與文化 研究輯刊

十　編

第5冊

《南瀛佛教》故事體作品研究

陳惠貞 著

花木蘭文化出版社

國家圖書館出版品預行編目資料

《南瀛佛教》故事體作品研究／陳惠貞 著 — 初版 — 新北市：
花木蘭文化出版社，2016〔民 105〕
序 2+ 目 2+200 面；19×26 公分
（臺灣歷史與文化研究輯刊 十編：第 5 冊）
ISBN 978-986-404-785-7（精裝）
1. 佛教文學 2. 民間文學 3. 文學評論
733.08   105014934

ISBN-978-986-404-785-7

9 789864 047857

臺灣歷史與文化研究輯刊
十 編 第 五 冊   ISBN：978-986-404-785-7

《南瀛佛教》故事體作品研究

作　　者　陳惠貞
總 編 輯　杜潔祥
副總編輯　楊嘉樂
編　　輯　許郁翎、王筑　美術編輯　陳逸婷
出　　版　花木蘭文化出版社
社　　長　高小娟
聯絡地址　235 新北市中和區中安街七二號十三樓
　　　　　電話：02-2923-1455 ／傳真：02-2923-1452
網　　址　http://www.huamulan.tw 信箱 hml 810518@gmail.com
印　　刷　普羅文化出版廣告事業
初　　版　2016 年 9 月
全書字數　137091 字
定　　價　十編 18 冊（精裝）台幣 36,000 元

《南瀛佛教》故事體作品研究

陳惠貞　著

作者簡介

陳惠貞，1980 年生，台中人。畢業於臺北市立師範學院社會科教育學系、國立臺北教育大學臺灣文化研究所。現爲國小教師。

提　　要

　　南瀛佛教會（1921.04 ～ 1945.08）作爲日治時期官方主導的唯一全島性佛教組織，在佛教改革上佔了重要的一席之地。而《南瀛佛教》（1923.07 ～ 1943.12）作爲該組織依「提升台籍僧侶學養智識」爲目標而發行的代表刊物，其中關於傳統佛教改革的論戰、講述佛理的作品、敦品修德的文章所在有多。然而對於一般民眾而言，大道理的感染力還不若一則輕巧易讀的小故事，因此本文聚焦於《南瀛佛教》中所刊載的「故事體」作品進行研究，梳理其刊載類型的遞嬗：由前期仙俠氣息濃厚的漢文小說連載、中期以人物逸聞爲大宗的短篇故事集、到後期的輔翼戰事作品，檢視該刊物所傳達的價值思想的轉變情形。同時透過歷任編輯者的背景探討，觀察到編輯者的思想傾向對《南瀛佛教》故事體作品選刊有很顯著的影響。第四章依據作品主題整理出四大類作品：佛經故事、神仙怪異、名人逸聞、兒童文藝，進行討論。本研究發現，《南瀛佛教》雖爲專門的佛教刊物，但所刊登的佛經故事並不如想像中來得多；而在倡導「正信佛教」、反對迷信的留日佛教菁英接掌編輯事務後，透著「迷信」氣息的神仙怪異故事卻仍然持續受到刊登，究其原因，則與編輯者對於「迷信」的認知有關，並可從而觀察到《南瀛佛教》編輯者與總督府立場具有一致性。而「名人逸聞」經由主角國籍統計、故事中心概念分析，顯現出其背後所蘊含的「建立國族崇拜」的可能企圖。「兒童文藝」故事的整理討論，則爲日治時期兒童文學的發展略盡查漏補缺之力。透過以上研究，期能展現《南瀛佛教》中所刊載的故事體作品的面貌，增進大眾對這份刊物的認識。

自　序

　　生活在台灣這塊土地，想更了解她，可能的話，也想爲她盡一份力——這是當年報考台文所時，心裡所抱持的、一點點的抱負。

　　許多至今仍存在我們身邊、甚至還影響著我們的事物，往往發現自己對它這麼缺乏了解。在台文所學習的過程中，重新——又或者是首次——認識了這些我們既熟悉又陌生的事物，讓我有種「自己正活在歷史裡」的感受。在所上師長專業的帶領之下，兩年的學習期間獲得了滿滿的收穫。得到眾良師的教導，眞的是難得的福氣。

　　這次論文能夠獲得機會付梓出版，要特別感謝我的論文指導教授翁聖峯老師。從題目的選定到論文完成，實賴翁老師的多方指導與協助，在這裡，除了感謝，還是感謝！本論文也承蒙黃美娥老師與林淑慧老師的指導，提供寶貴的建議，讓研究能更加聚焦、並針對缺漏之處加以增補。在這裡，也要向兩位老師致上深深的謝意！另外也要感謝在寫作論文的過程中給予我支持協助的同學、同事、朋友與家人，你們各方的支援都是我堅持到最後的力量，謝謝你們！

　　最後，希望本論文的出版能爲台灣文學研究的推進略盡棉薄之力。本論文若有未臻完善之處，是爲個人能力的不足，尚祈各方的指教並祈請見諒。

2016 年 4 月於台北

圖目次

第一章　緒　論

第一節　研究動機與目的

　　就功能性而論，宗教不僅可以提升信徒的精神生活，同時對社會秩序具有教化功能。〔註1〕也就是說，宗教除了是民眾精神上重要的依託，其在社會穩定上亦扮演了重要的角色。馬關條約後，台灣割讓給日本，開啟了日本在台五十一年的統治史。期間日本總督府對台的宗教政策轉變一般可劃分為三期，〔註2〕目前最為學界所認同的分期方式是蔡錦堂所提出的分期方式。依據蔡錦堂的分期，前期1895～1914為舊慣溫存期，總督府的宗教政策基本上是採「無方針主義」的放任態度；中期 1915～1930 為宗教調查期。由於 1915 年發生藉由宗教力量號召抗日的西來庵事件，總督府一改前期放任的態度，宗教政策轉趨積極。期間不但進行了兩次大規模的宗教調查，更因佛教為台

〔註 1〕吳惠巧，《人與宗教》，（台北市：大元書局，2011），頁 245。

〔註 2〕關於台灣宗教殖民政策的分期，歷年來研究者有許多不同的觀點，如劉枝萬區分的明治年間（1895～1910 放任期）、大正年間（1911～1925 調查期）、昭和年間（1926～1945 彈壓期）；陳玲蓉區分偽裝信仰自由期（1895～1911）、攏絡信仰期（1912～1925）、逐漸消滅期（1926～1945）；闞正宗則以「皇國佛教」在台發展情形為著眼點，分為前期探索與結盟期（1895～1915）、中期合作與開展期（1915～1931）、後期皇化與改造期（1931～1945）。參閱闞正宗，《臺灣日治時期佛教發展與皇民化運動──「皇國佛教」的歷史進程（一八九五～一九四五）》，（新北市：博揚文化，2011），頁 11～12、頁 315～329。而近代學者多同意日本總督府對台的宗教政策，以 1915 西來庵事件為一個分水嶺，而 1931 年九一八事變爆發後，日本進入所謂「十五年戰爭期」亦是一個重要的國家情勢的轉變。本文採用蔡錦堂的分期方式。

灣民間主要的宗教信仰之一，〔註3〕因此成立了南瀛佛教會，企圖改革、控制台灣佛教；後期1931～1945，為精神強化期。隨著1931年爆發九一八事變，進入了日本史學界所稱的「十五年戰爭期」，此時總督府的政策、宗教策略等各方面，逐漸顯現出強硬的態度。1932年「部落振興會」負責部落（村里）的指導，是將中央統治政策深入落實於地方的最末端機構、1934推動一街庄一神社、1935打破舊慣信仰活動、1936民風作興協議會、1937強制祀奉神宮大麻的正廳改善運動，到1938搗毀廟宇神像的寺廟整理運動，對台人的宗教信仰逐步展現強勢的控制。

在總督府眼中，台灣僧侶、齋友的素質普遍低落，〔註4〕而1915年藉由宗教力量所鼓動的西來庵事件爆發後，總督府更體認到對台民信仰進行監督與干涉的必要，因此全台第一個全島性宗教團體「南瀛佛教會」，於大正十年（1921）在社寺課的指導下成立。該會號稱以培養提升台民信徒的知識水準為目的，並促進島民同化之目標，〔註5〕由當時的社寺課長丸井圭治郎擔任首任會長，而網羅沈本圓、江善慧、黃監等在佛、齋教界深具影響力的菁英人士擔任理事，藉此提升南瀛佛教會的影響力。

會員全是台人、看似半官半民的南瀛佛教會，事實上卻只是總督府的機關報、傳聲筒。該會主要政策及講習會安排等，皆由總督府主導。〔註6〕然而即使如此，南瀛佛教會仍是日治時期推動佛教改革最重要的一個組織，而作

〔註3〕根據《臺灣省五十一年來統計提要》資料，日治時期納入調查統計的宗教有佛教、基督教、神道教，而佛教不論在寺院、佈教師、信徒等方面，數量皆遠遠超越其他兩教。而統計資料中，「歷年各地廟宇」項目統計的對象，則是依台灣舊習建立之寺廟、齋堂、神明會。由資料可看出，其中「神明會」數量上佔舊慣廟宇約60%，但臺灣舊慣宗教有著儒釋道混雜的現象，信仰方式皆帶有濃厚的佛教色彩，因此宗教的改造由與日本同屬禪宗系統的佛教來著手進行，應是最能收效的方向。資料見臺灣省政府主計處，《臺灣省五十一年來統計提要》，（臺灣省：臺灣省行政長官公署統計室，1946），頁1306～1319，第二十三類 救濟與宗教。

〔註4〕《南瀛佛教會會報》第一卷第一號〈南瀛佛教會之沿革〉中提到：「本島人所有名為僧侶及齋友。其智識材能低微淺薄欲任以指導社會之實質。茫然罔覺。同人有見及此。是以啟發教訓為急務。使知佛教之精神。鼓吹信仰。開拓其心境。嚴正其志操。彼等社會的地位。蒸日上。」參見《南瀛佛教會會報》，第一卷第一號，1923年7月，頁19。

〔註5〕《南瀛佛教》，第十一卷第三號，1933年3月，頁42。

〔註6〕闞正宗，《臺灣日治時期佛教發展與皇民化運動——「皇國佛教」的歷史進程（一八九五～一九四五）》，頁300～320。

為南瀛佛教會唯一的組織刊物——《南瀛佛教》，〔註7〕正是觀察南瀛佛教會思想、作為的最適場域。

　　許多研究者當然也都留意到《南瀛佛教》的重要性，在研究日治時期台灣佛教的發展、單一寺廟或法脈的發展沿革、皇民化運動與台灣佛教、日治時期佛教的改革運動、地區信仰之研究等等主題，多會引用到《南瀛佛教》的資料。然而完全針對《南瀛佛教》此一刊物進行研究的論文，目前是付之闕如的，更遑論是針對《南瀛佛教》裡刊載的故事體作品進行相關研究與分析。〔註8〕說到這裡，或許我們會再升起另一個疑問，那就是，「故事」到底有何重要性而值得被研究？英國著名的小說家暨小說理論家佛斯特，在《小說面面觀》中說明何謂小說時，模擬了一般人的口吻，舉出這樣一個例子：

> 什麼是小說？怎麼，自然是說故事。如果小說不說故事，我就不曉得還有什麼用。我愛聽故事。我的欣賞力不高，是嗎！？不過，我就愛聽故事。你可以有你的藝術，你可以有你的文學，你的音樂！可是我只要一個好故事。我喜歡勁味十足的故事。我的太太也一樣。

〔註9〕

這段話很確實的體現了「故事」的作用——對普羅大眾來說，高深的道理比不上一個精彩故事對他們來得受用。賴和也曾在為《臺灣民間文學集》所做的序文中表示：「每一篇或一首故事和歌謠，都能表現當時的民情，風俗，政治，制度；也都能表示著當時民眾的真實底思想和感情。」〔註10〕「故事」不僅僅是休閒的消遣品，其所蘊含的內涵與意義，絕對值得我們深入加以探討和研究。

　　由於筆者任職於小學，在教育現場也可以發現，「故事」在學校教育上的

〔註7〕初創刊時的刊名稱為《南瀛佛教會會報》，發行對象僅為會員；昭和二年（1927）一月（第五卷第一號）起改稱《南瀛佛教》，擴大發行範圍，使非會員亦可購買閱讀；最後由於會則改正，「南瀛佛教會」改名「臺灣佛教會」，因此刊名隨之在昭和十五年七月號起改為《臺灣佛教》（但是因辦理手續的因素，至昭和十六年（1941）二月號（第十九卷第二號）起始改為《臺灣佛教》。參閱《臺灣佛教》，第二十一卷第十二號，昭和十八年1943年12月，頁31。本文中統一採用流通最久的《南瀛佛教》稱之。

〔註8〕故事體作品為童話、寓言、小說、神話等，包含「故事性」的作品總稱，相關說明見本研究第二節「概念界定」。

〔註9〕佛斯特著，李文彬譯，《小說面面觀》，（台北：志文出版，1973初版，1989再版），頁21。

〔註10〕賴和，〈賴序〉收錄於李獻章，《臺灣民間文學集》，（台北：龍文出版，1989）。

效果十分卓著。在語文學習方面，可以發現在小學三年級以前的國語課本中，敘事性和故事性的文章佔了多數，〔註11〕而許多教師也曾進行過將故事融入教學的相關行動研究，其結果皆顯示故事對兒童學習、價值觀的建立皆有顯著的影響。而以筆者自身的經驗而言，曾有一年在推動班級閱讀時，該月份輪到的是篇幅較長的文字書《西遊記》。字多圖少、書中用字遣詞又略偏古典，對當時剛升上四年級的學生來說，此書較難吸引他們主動閱讀，於是筆者開始嘗試每天放學前預留五分鐘，為全班念讀當天規定回家要看完的段落。如此實施下來，往往到了放學鐘響，小朋友還一臉意猶未盡的樣子，央求著「再講一點」，此時筆者就會闔上書，告訴小朋友：「剩下的回家自己看。」此後發現小朋友完成「閱讀」這項作業的比例升高了不少（因為不是硬性規定的作業），更有小朋友隔天興沖沖的跑來告訴我：「老師老師，你昨天要我們看到第二章，結果太好看了，我昨天就把它整本看完了！」從小朋友聽故事時眼睛放光的模樣、說起閱讀故事時那愉快的表情，就可以知道故事對他們有著多麼強的感染力。

　　由眾多故事融入教學的研究顯示，在教育上，「故事」是一有效的、強而有力的教學媒介。〔註12〕而南瀛教會成立之初，即以「教育本島僧侶、齋友，提升其智識，使其具備教化島民之資格」為主要目的，主事者們是否有著藉由故事來達成教育本島僧侶、齋友的意圖？從另一方面來看，《南瀛佛教》作為一個宗教性團體的機關刊物，其讀者群本就較受限制，而書中除了講說佛理、人生正道等等的艱澀文章，故事體作品亦佔有相當篇幅，是否宗教也需要藉由「故事」召喚讀者？本研究聚焦於《南瀛佛教》所刊載的故事體作品，探究這些被選刊的故事的特質、隨著總督府的宗教政策變遷，官方色彩濃厚的《南瀛佛教》，刊載的作品主題是否有隨之改變？希望透過這個研究，對這份刊物有更進一步的了解。

第二節　概念界定與文獻探討

一、概念界定

　　在討論「故事體」是什麼之前，首先需要先了解何謂「故事」。

〔註11〕吳英長，〈兒童故事基架的分析〉，《臺東師專學報》第十四期，1986，頁206。
〔註12〕此部分的探討詳見本章「文獻研究」。

關於故事的定義，歷來研究者——特別是兒童文學方面的研究者——皆進行過探討。「故事」一詞早在漢代已經出現，司馬遷在《史記‧太史公自序》中提到：「余所謂述故事，整齊其世傳非所謂作也。」在這裡，「故事」指的是從前所傳下來的舊事。而司馬遷認爲「述故事」是「整齊其世傳」，也就是「整理流傳下來的資料」，「非所謂作也」。這也就是所謂故事的狹義定義——內容需根據事實，不能有杜撰、想像的成分。所以在當時，故事指的是掌故、軼事等「眞實發生」的歷史事件。然而這樣的定義隨著文學發展已經失之太狹，無法滿足創作所需，因此相關研究者陸續對「故事」提出新的定義，例如林守爲認爲：

> 故事固然可以敘述過去的事蹟，但也可以現實生活中的事件作爲材
> 料。〔註13〕

也就是「故事」除了講述「過去的事蹟」以外，也可以是「以現實生活中的事件作爲材料」進行的創作。而許義宗更進一步提出，故事分「想像故事」和「寫實故事」，只要合乎創作的目標，情節可以是虛構的。〔註14〕

西方學者對於故事則是採廣義的定義。佛斯特在《小說面面觀》中提到：

> 故事是一些按照時間順序排列的事件的敘述。〔註15〕

然而作爲故事，若僅止於「按照時間順序排列」，必定無法吸引人，因此佛斯特接著提出了「情節」的概念。佛斯特認爲，故事可以是「情節」的基礎，「情節」則是比故事更高級的結合體。「情節」將故事的「材料」經由一些敘述技巧，使故事組合得更有趣，也就是所謂的「故事化」。

> 「故事」都具有一解決問題（衝突）的主題，問題的產生形成了目
> 標，爲達成目標乃採取行動，行動之後必帶來某種結果（不論目標
> 達成與否）。上述目標、行動和結果就是「故事」的三基本要素。如
> 果將三要素的系列衍生爲開頭、發展和結尾的完整結構，就是我們
> 通稱的「故事化」。〔註16〕

〔註13〕林守爲，《兒童文學》，（台北市：五南，1988），頁 128。
〔註14〕許義宗，《兒童文學論》，（台北市：中華色研，1984），頁 21。
〔註15〕佛斯特著，李文彬譯，《小說面面觀》，（台北：志文出版，1973 初版，1989 再版），頁 23。
〔註16〕鍾家瑄，〈說故事之研究〉，（台北市：國立台灣大學圖書資訊研究所碩士論文，1992），頁 22。

吳英長也曾表示，僅只按時間順序排列的敘述只能算是一種消極意義的故事，而積極意義的故事是「用一定的次序，把許多事情排列起來」。所謂「一定的次序」也就是先提出衝突，然後描述解決衝突的過程，最後交代結果。如此，整個故事不僅止於按時間順序排列，還包含了一系列因果關係的描述，而這才是使故事得以「動人心弦」的要素，稱之為「故事性」——一種趣味性的因果演述。〔註17〕

由上面各家學者對「故事」定義的闡述，我們可以看到，就故事的定義而言，不管是內容記述的是真實發生的事件、還是想像杜撰的創作，「故事性」，或稱作「故事化」，是其吸引人的主要因素。鍾家瑄認為，故事、寓言、神話、童話和小說皆具有「故事性」，因此同屬於「故事體」。〔註18〕兒童文學研究者林文寶也表示，「故事」廣義的解釋為：

> 建立在「事件敘述」或「情節」的觀念上，……故事是「童話」、「神話」、「寓言」、「小說」等的總稱。〔註19〕

因此林文寶在其著作《兒童文學故事體寫作論》中，就直接將這些具有故事性的文類，以「故事體」一詞概括之。

此外，「故事體」一詞亦常見於教育體系中（尤以國語文教育為主），指的就是包含有「角色」、「情節」這二個主要元素的記敘作品。情節包含：背景、引發事件、反應（情緒與想法）、行動、結果與結局。歸結而論，不論是神話、寓言、小說、人物傳記、寫實故事或歷史故事，只要具有角色與情節，就可以是故事體。

《南瀛佛教》由大正十二年（1923）七月十日發行第一卷第一號，到昭和十八年（1943）十二月二十日發行第二十一卷第十二號最終卷，長達20年的發行時間中，刊載了為數眾多的小說、寓言、民間故事、筆記類等作品。本文欲以其為研究對象，首先須面臨如何界定這類作品的問題。根據上述故事與故事體的定義探討，筆者認為「故事體」一詞正適合本研究的對象界定，因此將本研究定名為「《南瀛佛教》故事體作品研究」。

〔註17〕吳英長，〈故事化的處理技巧〉演講紀錄，頁16，轉引自洪曉菁，〈說故事研究〉（台東：台東師範學院兒童文學研究所碩士論文，2000），頁22。

〔註18〕鍾家瑄，〈說故事之研究〉，（台北市：國立台灣大學圖書資訊研究所碩士論文，1992），頁22。

〔註19〕林文寶，《兒童文學故事體寫作論》，（台北市：毛毛蟲兒童哲學基金會，1994），頁114。

二、相關文獻探討

　　根據筆者搜尋結果，目前似乎尚無專門針對《南瀛佛教》這部刊物進行研究的專書、單篇論文或學位論文問世。然而《南瀛佛教》刊載了為數龐大的日治時期台灣島內各項佛教相關活動的紀錄、討論議題等資料，因此在研究日治時期台灣佛教的發展、單一寺廟或法脈的發展沿革、皇民化運動與台灣佛教、日治時期佛教的改革運動、地區信仰之研究等等主題時，多會引用到《南瀛佛教》的資料。例如江燦騰於其著作《日據時期臺灣佛教文化發展史》書中，考據台中北屯區寶覺寺的改宗問題時，多方引用相關資料，其中載於《南瀛佛教》中的資料，就多次被引用。〔註20〕吳敏霞《日據時期的台灣佛教》一書，在討論到日本佛教傳入台灣的情形時，《南瀛佛教》中與此議題的相關的記載亦為吳氏所引用。〔註21〕李筱峰的著作《台灣革命僧——林秋悟》針對日治時期佛教菁英林秋梧進行研究，當時《南瀛佛教》中即刊載了不少林氏的佛學主張、改革言論、甚至是與親友應答酬唱的詩作，是此書的重要參考文獻。〔註22〕

　　在故事相關研究方面，目前所見的學位論文以單一區域或單一族群為主要研究對象，或故事母題研究此二方向為大宗。以單一區域或單一族群為主要研究對象者，如戴佳靜〈美濃地區民間故事研究〉〔註23〕、陳慧珣〈泰雅族民間故事研究〉〔註24〕等，其研究法是先整理分析該區域或該族群的自然環境和歷史人文，作為論文的背景資料，接著將收集到的民間故事（包含神話、傳說、故事等）分別於後續章節進行細部的探究討論，最後進行總結，提出該區域或該族群民間故事的特色與價值。故事母題研究者，如吳安清〈虎姑婆故事研究〉〔註25〕、黃聖琪〈民間故事連續變形母題研究——以台灣漢語故事為

〔註20〕 在考據寶覺寺改宗問題的部分，江氏共引用十則資料，其中出於《南瀛佛教》者就佔了五則。見江燦騰，《日據時期臺灣佛教文化發展史》，（台北：南天書局，2001），頁237～240。

〔註21〕 見吳敏霞，《日據時期的台灣佛教》，（台中：太平慈光寺，2007），頁86～164。

〔註22〕 李筱峰，《台灣革命僧——林秋悟》，（台北：望春風文化，2004）。

〔註23〕 戴佳靜，〈美濃地區民間故事研究〉，（台北：台北市立師範學院應用語言文學研究所碩士論文，2003年）。

〔註24〕 陳慧珣，〈泰雅族民間故事研究〉，（台北：中國文化大學中國文學研究所碩士論文，2000年）。

〔註25〕 吳安清，〈虎姑婆故事研究〉，（台北：東吳大學中國文學研究所碩士論文，2003年）。

例〉〔註26〕、江思慧〈文獻所見臺灣擬人化民間動物故事研究〉〔註27〕等，此類型的研究通常先收集不同地區或不同版本的該母題作品，分析該類型故事的情節和形式、比較結構、功能等的差異，最後探討其中呈現的內涵與價值。但因這部分的研究與本研究較不相關，故在此不多加討論。而在傳統敘事作品的研究方面，以中國歷代作品爲研究對象佔大多數，如林貞伶〈唐人小說獸類變化故事之研究〉、陸光瑞〈南宋志怪筆記小說研究〉、陳季蓁《閱微草堂筆記》因果報應故事研究〉等。但因本研究是以日治時期台灣所發行的刊物《南瀛佛教》上所刊載的作品爲研究範圍，因此在此方面的資料收集，將限定於同樣以「日治時期」、「台灣報刊」爲範圍的敘事作品研究爲主。

　　本研究預計朝三個方向進行資料的搜羅：第一個部分爲討論故事的功能與價值方面的著作，幫助筆者了解《南瀛佛教》上所刊載的故事體作品，除了娛樂價值外，還具有哪些教育上的意義；其次是日治時期台灣佛教與宗教政策相關的研究，讓筆者能更全面的了解日治時期台灣佛教發展狀況，以期在進行分析時能更深刻有力；第三則是關於日治時期報刊上所刊載的敘事作品相關研究，因此類研究與本研究性質較爲相近，除能提供筆者研究方式的參考外，更能據以比較不同報刊上所刊載的敘事作品其中的異同。

（一）故事的價值與功能

　　何三本在《幼兒故事學》、《說話教學研究》二書皆中提到，「爲什麼要對幼兒說故事？」因爲故事有著引人入勝的特性，孩子喜愛聽故事，因此透過聽故事可以吸收字彙、學習語法，發展語言能力。再則，嚴肅的訓誡教誨往往使孩童避之唯恐不及，透過故事則可以收循循善誘之效，引發學習。而「故事」的範疇廣泛，舉凡生活故事、歷史故事、地理故事、科學故事等等，包羅萬象，涵括各種不同的知識領域，作品來源則包含世界各國的優秀兒童讀物，因此透過故事，孩童得以擴展見聞，培養思考。此外經由故事的教育，讓孩子去思考、去體會，可陶冶高尚性情，收羚羊掛角、不著痕跡的教育最高境界。最後則是透過故事的教學，啓發學習的興趣，奠定閱讀習慣。〔註28〕

〔註26〕黃聖琪，〈民間故事連續變形母題研究——以台灣漢語故事爲例〉，（新竹：國立清華大學中國文學系碩士論文，2004年）。

〔註27〕江思慧，〈文獻所見臺灣擬人化民間動物故事研究〉，（花蓮：東華大學中國語文學系碩士論文，2011年）。

〔註28〕何三本，《幼兒故事學》，（台北市：五南，1995），頁93～113；何三本，《說話教學研究》，（台北市：五南，1997），頁263～277。

　　鍾家瑄〈說故事之研究〉中提到，說故事在心理學上具有「認同」、「內控」等價值。認同的過程是個人在不知不覺中導致與他相似或在某方面對他有價值者之瞭解和認同，〔註 29〕從而產生觀念上的改變。而利用故事幫助學習內控的行為模式則有三點優勢：第一，故事提供一個生活化而有趣的情節，容易讓人與自己的行為間產生一些聯想與思考，進而產生內控的能力；第二，故事提供不同的生活經驗與角度，可幫助人用不同角度去思考一項行為；第三，在學習的過程中需要類化，故事提供了預設情境有助於將自身經驗類化到故事中。〔註 30〕

　　洪曉菁〈說故事研究〉由故事對兒童心理的意義、語文教育上的意義、文化上的意義三方面，說明故事的價值。洪氏指出故事能帶給兒童心理激情的釋放、為其內心的混亂帶來秩序、想像力的啟發、語文能力的增進、對本國文化、其他族群、國家文化的了解等等。〔註 31〕

　　吳靖國、魏韶潔從東西方說故事活動在歷史上的發展情形，歸納出說故事活動具有六大功能：〔註 32〕

　　一、傳遞文化：說故事活動在沒有文字以前就已經存在，說故事者利用故事傳播道德和價值觀，並傳遞文化與經驗，使之得以流傳下來。

　　二、娛樂大眾：故事中懸宕、緊張的情節使說故事成為有趣而吸引人的娛樂活動。

　　三、建立共識：透過故事的傳達，可建立彼此間的「共通感」（sensus communis），以建立共同的信念與價值觀。

　　四、心靈治療：在古老的東方文化中，說故事被用來作為一種諮詢和治療的方式，醫師透過故事中的寓意讓病人自行思考和領悟，在此，「故事」成為一種心靈治療的藥劑。

　　五、思想控制：故事可以傳遞文化，然而其內容若經過有意的篩選或管控，則容易成為思想控制的工具。歷代許多被查禁的故事正可以做為應證。

〔註 29〕施常花，〈兒童讀物在教育性讀書治療的應用與實施〉，《國教月刊》34 卷 7.8 期（1985 年 2 月），頁 11。

〔註 30〕鍾家瑄，〈說故事之研究〉，（台北市：國立台灣大學圖書資訊研究所碩士論文，1992）。

〔註 31〕洪曉菁，〈說故事研究〉（台東：台東師範學院兒童文學研究所碩士論文，2000），頁 86～104。

〔註 32〕吳靖國；魏韶潔，〈從聽故事的心理反應談故事教學之原則〉，《教育科學期刊》7:1 2007.06，頁 15～35。

六、宗教傳播：爲了宗教的傳佈、吸引信眾，故事成了解釋艱深經文、幫助人們了解教義的絕佳管道。

其餘尚有許多義務教育階段教師所進行的關於故事教育應用於教學的研究，例如陳淑君〈運用莊子寓言落實生命教育教學之研究〉、〔註33〕陳萬福〈科學故事融入自然與生活科技教學對國小四年級學生學習成效影響之研究〉、〔註34〕林妙鞠〈故事融入國小一年級加減法文字題補救教學之研究〉〔註35〕等，將故事融入不同學科、不同議題進行教學，而研究結果皆肯定故事融入教學的成效，不論是在生命態度的改變、學生學習興趣、學生的學習表現等皆有顯著提升。相關研究爲數眾多，在此僅略加舉隅，然而由以上所述，亦可一窺「故事」在教育上的功效之豹斑。

以上研究雖多是針對兒童學習而發，但故事的功能與價值並不會因爲其對象是兒童或者是成人而有判然兩造的差異。故事輕鬆易讀的特性，使其容易達到吸引人們閱讀的目的。而其中希望傳達的思想價值與各式各樣的理念，也藉著如此巧妙而不著痕跡的方式傳遞出去。

那麼「故事」、「教育」與日本治台，又有什麼關聯呢？甲午戰爭後，日本取得他們第一個海外殖民地——台灣，初期由於台人抗拒強烈，武裝抗日活動頻仍，加以台灣燠熱，瘴癘之氣遍布，日本國內對於台灣這塊新領地的去留曾有過激烈的辯論。其中一派認爲，取得台灣後未得任何利益，反而賠上許多軍人的性命，加上認爲難以扭轉台人的祖國情節，因此主張將台灣售予法國（稱爲「台灣賣卻論」）。但最後當政者還是在台灣的戰略位置考量下決議留下台灣這個南方小島。然而既要留下台灣，那麼如何治理、使島民成爲日本帝國的「順民」就是十分重要的任務。

日本總督府在台的治理方針，一般可劃分爲三個時期。〔註36〕初期（1895～1919）由於需將動亂的台灣社會迅速「平定」，因此任命的台灣總督皆是有軍事背景的武官來擔任。此時期又稱爲「無方針主義時期」，對台民的治理採

〔註33〕陳淑君，〈運用莊子寓言落實生命教育教學之研究〉（台北市：國立臺北教育大學國民教育學系碩士班，2009）。

〔註34〕陳萬福，〈科學故事融入自然與生活科技教學對國小四年級學生學習成效影響之研究〉（高雄市：國立高雄師範大學物理學系碩士班，2005）。

〔註35〕林妙鞠，〈故事融入國小一年級加減法文字題補救教學之研究〉（嘉義縣：國立嘉義大學數學教育研究所碩士論文，2011）。

〔註36〕王淑端等編著，《台灣歷史與文化（第二版）》，（新北市：新文京開發，2011），頁32～33。

取軟硬兼施的政策。1918年一戰結束，強調民主的風潮席捲世界。隨日本本土進入「大正民主」時期，台人也展開追求民主的社會運動、提出文化訴求。而自此日本在台統治也邁入第二個階段——內地延長主義時期（1919～1937，又稱爲同化時期），將台灣視爲內地（日本本國）的延長，目標在於使台民成爲完全的帝國臣民，涵養對國家的義務觀念。第三階段則是由盧溝橋事變爆發後，直到日本二戰戰敗投降爲止，稱爲「皇民化時期」（1937～1945）。總督府積極且強硬的推展各項措施，爲的是加速台人同化於日人、效忠於天皇，在物資、人力各方面，大力支援戰事的進行。

　　在取得台灣之初，穩定社會、建立秩序是日本當局治台首要目標。制度的建立、資料的調查成了當時的最重要的工作。而第二個階段，台灣社會已進入穩定發展的時期，經濟、文化等方面已有長足的進步，此時「教育」是同化台人是最重要的手段。透過教育，可以從根柢改變台人的思想、觀念，讓台人認同宗主國日本，甚至打從心底認爲自己是日本人，如此不僅能循序漸進的斬斷台人原本的祖國認同，更能穩固在台的殖民統治。《南瀛佛教》正是創刊在這個時期。

　　《南瀛佛教》第一卷第一號「會報」中，提到南瀛佛教會的創立起因：
　　　本島人所有名爲僧侶及齋友。其智識材能低微淺薄欲任以指導社會
　　　之實質。茫然周覺。同人有見及此。是以啓發教訓爲急務。使知佛
　　　教之精神。鼓吹信仰。開拓其心境。嚴正其志操。彼等社會的地位。
　　　蒸々日上。並授布教傳道諸法具。有島民教化之資格。況際自治規
　　　則施行後。尤爲不容之時機。此則有設立教育機關。並組織一團體
　　　必要也。〔註37〕
透過教育以提升僧侶齋友的智識水準，以教化島民，是南瀛佛教會創立的一大目的。《南瀛佛教》的刊行則是其「教育」的手段之一。因爲除了行爲的外塑，「文學」更具有潛移默化的功能，此即爲心理學上的「楷模學習」（Modeling）。〔註38〕《南瀛佛教》中除了佛經的解說、佛教教義的闡揚、人

〔註37〕《南瀛佛教會會報》，第一卷第一號，1923年7月，頁19。

〔註38〕Bruno Bettelheim,《The Use of Enchantment: The Meaning and Importance of Fairy Tales》（New York: Alfred A. Knopf, 1976），p.25；Doris Brett,《Annie Stories: A Special Kind of Storytelling》（New York: Workman Publishing, 1986），p.36，轉引自鍾家瑄，〈說故事之研究〉（台北市：國立台灣大學圖書資訊研究所碩士論文，1992），頁39。

生道理的論說等文章外，亦刊載為數不少的故事體作品。透過上述關於故事的價值與功能的梳理可知，故事不僅止於娛樂的功能。就如何三本在《幼兒故事學》一書所云：「故事本身都只是一種為達成某種目標或呈現主題的工具及手段。」〔註39〕究竟這些故事體作品蘊含了哪些南瀛佛教會掌權者、及《南瀛佛教》編輯者們希望達成的目標？希望藉由本研究能一窺其堂奧。

（二）日治時期台灣宗教政策與佛教發展

嗶吧哖事件爆發後，總督府開始著手對台灣傳統宗教進行調查，由時任台灣總督府編修官兼翻譯官的丸井圭治郎主持這項工作。第一階段調查工作始於大正四年十月，終於大正五年三月。但因各地呈報的調查報告體例參差不齊、資料取捨繁簡不一，使得此次調查成效未能達到預期目標，於是總督府於同年四月派令各廳公學校教員、警察官吏進行第二次的調查工作。隔年六月更印製宗教調查範例，以便統一調查格式，最後終於在大正八年三月由丸井圭治郎完成《臺灣宗教調查報告書（第一卷）》。〔註40〕全書分為十四章，除探討介紹台灣各傳統宗教外，亦論及儒佛道三教關係、信仰對象、神職人員、神佛會（宗教團體）、祭式祈禱等問題。書中各項資訊、統計表是由各州廳的調查報告書、臺帳集結而成，是此次大規模宗教調查的工作成果。這次的宗教調查與日治初期的調查最大的不同點在於減少關於制度面的研究，而增加了宗教發展、沿革，以及信眾心理層面的探討。〔註41〕此書可謂了解日治時期台灣傳統宗教概況的第一手珍貴資料。

增田福太郎在其所著的《臺灣の宗教》〔註42〕一書中，對台灣傳統宗教發展分期體系進行建構，並探討祀奉之主神、配祀神等及其傳說，對於台灣傳統宗教的整理與資料保存十分具有意義。蔡錦堂認為，增田福太郎以比較宗教學的學理探討台灣傳統宗教，將台灣的宗教研究由表面陳述提升到內部

〔註39〕何三本，《幼兒故事學》（台北市：五南，1995），頁6。

〔註40〕丸井圭治郎，《臺灣宗教調查報告書》（第一卷）（台北：台灣總督府，1919，台北：捷幼書局復刻，1993年）。

〔註41〕林佩欣，〈日治前期台灣總督府對舊慣宗教之調查與理解（1895～1919）〉（台北：國立政治大學史學研究所，2003），頁117。

〔註42〕《臺灣の宗教》原書為東京養賢堂於1939年出版，2005年時由江燦騰主編，黃有興中譯，並收錄蔡錦堂教授等所撰的相關論文，合編為《臺灣宗教信仰》一書。見江燦騰主編；增田福太郎原著；黃有興中譯，《臺灣宗教信仰》，（台北：東大，2005）。

「學理討論」的層次。〔註43〕增田氏在書中也以相當大的篇幅探討台灣農民信仰的主神崇拜和特殊神觀，同時在附說中提出皇民化運動下，其對台日間宗教發展應遵循的模式的看法。在認識日治時期台灣傳統宗教方面，本書亦是十分重要的參考。

　　然而研究日治時期台灣的宗教發展，除了對台灣傳統宗教進行探討外，跟隨日本人征服的腳步進入台灣的「神道」，也是不容忽略的部分。陳玲蓉《日據時期神道統制下的臺灣宗教政策》由總督府推動神道信仰，以培養台民對日本母國的崇敬心理、鞏固對台統治的方向切入研究。透過史料的分析與解釋，深入探討總督府在台推動神道信仰的歷程與在「推展神道」此一大架構下的各項宗教政策施行情形。

　　江燦騰《日據時期臺灣佛教文化發展史》則側重日治時期在「日華親善」原則下，中、日、台三地佛教的交流、與台灣佛教的改革與轉型情形。第六章更以「中教事件」主角林德林爲研究對象，對事件爆發的前因、經過與其中反映的問題有詳盡的論述。以上諸書由不同角度探討日治時期台灣宗教發展狀況。《南瀛佛教》即刊行於這樣的宗教發展背景中，在進行詮釋、論述時，則應加以留意。

　　學位論文方面，與本研究有部分相關的有大野育子〈日治時期佛教菁英的崛起──以曹洞宗駒澤大學台灣留學生爲中心〉。〔註44〕該論文旨在探討日治時期由台灣前往日本，在日本佛教系統大學內深造、具有高學歷的「佛教菁英」們，在日治時期台灣佛教改革、總督府宗教政策中扮演的角色。並藉由分析這批菁英們的出身背景、以及他們在日所受之教育，以了解這些經驗對日後其宗教思想的影響。作者在論文中指出，這批佛教菁英赴日可分爲寺廟支持薦送，以及家族出資支援兩類。由於赴日深造的背景，在學習過程中吸收了日師的教誨，返台後有的從事宗教事業，有的受總督府的重用在官方單位如總督府文教局社會課任職，在總督府宗教事業上展現出影響力。在這批佛教菁英中，不乏後來擔任《南瀛佛教》編輯職務者，這對於筆者研究《南瀛佛教》編輯者對於《南瀛佛教》文章選刊的影響，提供重要的參考。

　　闞正宗的博士論文〈臺灣日治時期佛教發展與皇民化運動──「皇國佛

〔註43〕蔡錦堂，〈增田福太郎的宗教寺廟與神社觀〉收錄於《臺灣宗教信仰》，頁77。
〔註44〕大野育子，〈日治時期佛教菁英的崛起──以曹洞宗駒澤大學台灣留學生爲中心〉（台北：淡江大學歷史學系碩士班，2009）。

教」的歷史進程（1895～1945）〉，〔註45〕以時間爲脈絡，觀察分析在各歷史事件發生後，台灣佛教所展現的不同面貌，進而梳理出「皇國佛教」在台發展的歷程。闞正宗在第五章「總督府宗教政策及教界動向」第一節，透過對南瀛佛教會所舉辦的歷屆講習會講師、參與學員，以及講習會主旨進行整理分析，最後歸納出南瀛佛教會歷經十任會長，每位會長在其任期內所負擔的任務與其代表的意義。闞正宗於文中指出，南瀛佛教會於第六任會長安武直夫時期，進入「皇國佛教」深化初期，開始倡導「國體」思想與佛教融合，〔註46〕此後南瀛佛教會開始走向「完全國家主義協力的角色」。〔註47〕

2012 年葉尚峰碩士論文〈日本皇民化運動對臺灣佛教的衝擊〉〔註48〕透過三個切入點，討論日本殖民政策如何與佛教產生交互影響。析論皇民化運動之內涵與重心、檢視神道思想如何透過皇民化運動影響日方的宗教政策和日本佛教，進而影響台灣佛教的發展。在皇民化運動中台灣佛教面臨巨大的挑戰，這些寺廟、道場運用哪些方式以求在寺廟整理運動中得以保全。該文並論及日本佛教帶給台灣本土佛教的改變與省思，及齋教所面臨的發展困境。

（三）日治時期報刊所刊載傳統敘事作品研究

在日治時期傳統敘事作品相關研究方面，近年來因許多研究者的投入，已有相當的成績出現。例如黃美娥《重層現代性鏡像──日治時代台灣傳統文人的文化視域與文學想像》一書，著眼於傳統文人在「現代性」的召喚下所呈現的文化視域。書中收錄多篇日治時期傳統文人相關研究。例如針對一方面是《臺灣日日新報》記者，另一方面也是創作漢文通俗小說能手的傳統文人李逸濤，黃美娥在〈舊文學新女人──《漢文臺灣日日新報》中李逸濤通俗小說的女性形象〉一文，〔註49〕剖析李氏漢文小說作品的形式、類型以及故事中蘊含的異國想像、台灣書寫與政治隱喻等內涵。此外，該文特別以

〔註45〕該篇論文已於 2011 年 5 月由博揚文化出版爲《臺灣日治時期佛教發展與皇民化運動──「皇國佛教」的歷史進程（一八九五～一九四五）》一書。

〔註46〕闞正宗，《臺灣日治時期佛教發展與皇民化運動──「皇國佛教」的歷史進程（一八九五～一九四五）》，頁 208。

〔註47〕闞正宗，《臺灣日治時期佛教發展與皇民化運動──「皇國佛教」的歷史進程（一八九五～一九四五）》，頁 209。

〔註48〕葉尚峰，〈日本皇民化運動對臺灣佛教的衝擊〉（新北市：華梵大學東方人文思想研究所碩士班，2012）。

〔註49〕收錄於黃美娥，《重層現代性鏡像──日治時代台灣傳統文人的文化視域與文學想像》，（台北：麥田，2004），頁 137～183。

李氏小說中的女性形象為另一個探討的重點，挖掘出李氏筆下的女性突破傳統窠臼的形象。這些具有獨立思考、判斷是非能力的女性，在展現對身體的自信自主之餘，卻也謹守傳統禮教之防，反映出李氏擺盪在傳統與維新思維間、對二十世紀「新女性」的期待與想像。

同樣以女性作為研究文本切入點的，還有林淑慧〈女體與國體：論謝雪漁之〈日華‧英雌傳〉〉。[註50]〈日華‧英雌傳〉寫作於皇民化運動如火如荼展開之際，文中的女子／女體，在振興國力、翼助國族生存的目標中，被加以形塑、調教，呼應了日本當局在皇民化時期的女性教化上「強化作為皇國婦女特質」的國策需求。另外透過分析，林淑慧提出，謝雪漁所建構的理想的新女性形象是揉合「女性化柔美外貌」與「類男性化的身體能力或心智」的綜合體。這一點與黃美娥對李逸濤筆下理想女性分析所得結果相類。以上兩篇研究提供了筆者在審視《南瀛佛教》中所刊載的傳統漢文小說時，可思考的切入觀點。

柯喬文〈《三六九小報》古典小說研究〉[註51]以《三六九小報》為觀察場域，首先透過當時台灣社會、經濟、政治狀況等面向，建構出《三六九小報》發展的背景，再深入《小報》內容，分為志人、志怪、雜記小說等方面進行析論，探討小說的敘事性格、作者意向。並透過擬話本小說的分析研究，探索講古人的說話藝術，及歷史情境的展演。柯喬文指出《小報》的古典小說多取材於府城在地、前朝遺事，一定程度上承接了南社「致力於漢文化資源的保留」、「留下豐富的文化資產」的精神。南社的運作路線雖以文學傳承、文化保存見長，對執政者的態度雖不若櫟社、瀛社明確，[註52]然而與被公認為「官方的傳聲筒」的《南瀛佛教》立場上仍顯見不同，因此柯氏的研究可為本文提供參考比較對象。

林以衡《日治時期臺灣漢文俠敘事的階段性發展及其文化意涵——以報刊作品為考察對象》[註53]，以《漢文臺灣日日新報》、《臺灣日日新報》、《三

〔註50〕 林淑慧，〈女體與國體：論謝雪漁之〈日華‧英雌傳〉〉，《中國文學研究》第二十四期，2007.06，頁119～152。

〔註51〕 柯喬文，《《三六九小報》古典小說研究》，（嘉義：南華大學文學研究所碩士班，2003）。

〔註52〕 臺灣大百科全書，「南社」詞條 http://taiwanpedia.culture.tw/web/content?ID=4537，查閱日期：2014.05.10。

〔註53〕 林以衡，《日治時期臺灣漢文俠敘事的階段性發展及其文化意涵——以報刊作品為考察對象》，（台北：編譯館，2009）。為林氏2007年臺灣師範大學文化

六九小報》和《風月》等刊物為主要研究範圍，探討日治時期台灣的俠敘事階段性發展和變化過程。林氏指出漢文俠敘事能在日治時期發展，得力於成熟、具規模的報刊的出現，其題材多取自歷史和各地軼聞，呈現虛實交雜的樣貌。而隨日本統治傳入的日本文化、西方文明，也在漢文俠敘事中得到展現，映證了台灣俠敘事是多元文化衝擊下的產物。然而隨著總督府語言政策以及識讀日文的人口增加，處於非文學主流地位的漢文俠敘事作品，其發表空間受到嚴重的壓縮。而透過分析「俠」所隱含的文化意義，可發現文人的中國認同在日人統治深化的過程中漸趨淡薄的現象。林以衡的研究提供筆者對於日治時期俠敘事有一整體的認識，對於《南瀛佛教》中「俠」相關作品的討論分析上能有所參照映證。

此外許俊雅近年來在探究日治時期台灣報刊上轉載中國文學的情形著力甚多。〈誰的文學？誰的產權？——日治台灣報刊雜誌刊載中國文學之現象研探〉、〔註 54〕〈日治時期台灣報刊小說的改寫現象及其敘述策略〉，〔註 55〕除追索故事的原出處外，也對故事「移植」時文本被「變造」的幾種模式進行討論，以及其中呈現與殖民政府政策呼應的情形。柳書琴〈傳統文人及其衍生世代：臺灣漢文通俗文藝的發展與延異（1930～1941）〉探討傳統文人及其衍生世代在不同時期的報刊及政治時勢影響下，形構出具多元性、複雜性、殖民性、反殖民性等多元特色的台灣通俗文學。除了以上提及的研究之外，其他尚有許多日治時期傳統敘事作品相關論文、專書，不論是否為本研究所參考、引用，但都對筆者補強關於日治時期傳統敘事作品的認識有很大的助益。

第三節　研究方法與範圍

一、研究方法

本研究採文獻分析法為主要的研究方式，輔以內容分析法的使用。文獻分析法是一種在文學類的研究上被廣泛使用的研究方法，透過對蒐集而來的

及語言文學研究所碩士論文出版。

〔註 54〕許俊雅，〈誰的文學？誰的產權？——日治台灣報刊雜誌刊載中國文學之現象研探〉，《臺灣文學學報》21 期，2012 年 12 月 01 日），頁 1～35。

〔註 55〕許俊雅，〈日治時期台灣報刊小說的改寫現象及其敘述策略〉，《臺灣文學學報》23 期，2013 年 12 月 01 日），頁 137～174。

文獻資料進行整理、分類、批判、歸納、分析、比較等方式，對文獻進行詮釋；〔註 56〕內容分析法是「透過『定量』的技巧及『定性』的分析，以客觀且系統的態度，對文件內容進行研究分析，藉以推論該文件內容的環境背景及意義」。〔註 57〕

本研究依下列順序進行（部分步驟執行時會同時進行）：

1. 針對《南瀛佛教》全卷進行全面性的瀏覽，初步篩選符合研究目標的文本，並提取《南瀛佛教》中其他「非故事體」文章裡值得留意的訊息，加以註記。

2. 整理各期所刊載的故事體作品，依刊載順序進行表格化。

3. 深入閱讀文本，依據故事類型、性質等加以分類；研究架構的擬定。

4. 前行研究資料收集與閱讀：此步驟為文獻探討，與第 3、5 步驟同時進行。

5. 外部資料收集與整理：參照當時的政治時勢、政府政策、宗教政策、社會背景等外部資料，對文本進行詮釋、比對分析。

6. 依不同主題類別進行分類，並分別收集與該類別相關的資料，做深入的探究。

透過上述步驟，觀察這些故事體作品刊載的變化情形，以了解各不同時期刊載的故事體作品趨向，繼而梳理出《南瀛佛教》中所刊載的故事體作品的特色。

二、研究範圍

南瀛佛教會於大正十二年（1923）七月十日發行《南瀛佛教會會報》第一卷第一號，到昭和十八年（1943）十二月二十日發行的《臺灣佛教》第二十一卷第十二號宣布停刊，歷經二十年又五個月的出版時間，是日治時期出版物中十分長壽的刊物。本研究以其中刊載的故事體作品為研究對象。此段時間正是日治時期總督府宗教政策開始正式著力於民間，以至雷厲風行推動尊皇護國思想的時期。《南瀛佛教》身為官方性質濃厚的宗教性刊物，筆者希望透過歸納整理其中所刊載的故事體作品，梳理出其與總督府宗教政策是否

〔註 56〕孟樊，《論文寫作方法與格式》，（台北縣：威仕曼，2009），頁 100。

〔註 57〕簡茂發、黃光雄，《教育研究法》，（台北：師大書苑，1991）。此處轉引自張紹勳，《研究方法：精華本》，（台中：滄海，2004），頁 428。

有相呼應之處？而其刊載的故事體作品，又傳達了哪些思想觀念？

　　此外，文章的選刊除了攸關主管單位的「指導」外，編輯者的思想、立場對於一部刊物的走向有決定性的影響。因此本文在第二章透過《南瀛佛教》歷任編輯者的背景分析，進一步審視、分析《南瀛佛教》所刊載的故事體作品所呈現的特色。

　　本研究範圍限定在《南瀛佛教會會報》第一卷第一號到《臺灣佛教》第二十一卷第十二號，期間所刊載的故事體作品。由於《南瀛佛教》在大正十五年（1926）七月（第四卷第四號）起增設日文欄，昭和十二年（1937）四月（第十五卷第四號）除漢詩外之漢文作品全部廢止，因此本研究以台灣佛教史料庫刊載的版本為研究對象。〔註 58〕該資料庫蒐集、編整明鄭與清朝時期的台灣佛教資料，日治時代資料則加以翻譯、整編，加上戰後台灣當代佛教文獻彙編，作一完整的整理與研究，因此該資料庫已成為國內外漢學或佛學學者之入口網站之一。〔註 59〕

　　由於該資料庫的《南瀛佛教》是以原文與譯文並陳的模式呈現，除收藏《南瀛佛教》掃描檔外，日文部分亦大多已譯為中文，為本研究跨越語言隔閡提供很大的助益。

〔註 58〕台灣佛教史料庫 http://buddhistinformatics.ddbc.edu.tw/taiwanbuddhism/tb/，該資料庫為國科會整合型計畫「臺灣佛教的歷史與思想——明鄭至日據時期」、國科會計畫「日據時期台灣禪佛教『四大法脈』的形成及其相關問題之研究」、中央研究院社會學研究所籌備處整合型計畫——「當代台灣新興宗教現象及其相關問題之研究」的綜合結果。

〔註 59〕黃文宏，〈虛擬無盡藏——臺灣地區佛教數位典藏的發展概況〉，《佛教圖書館館刊》45 期，2007 年 06 月 01 日），頁 30～31。

【圖1-3-1】台灣佛教史料庫首頁

說明：http://buddhistinformatics.ddbc.edu.tw/taiwanbuddhism/tb/

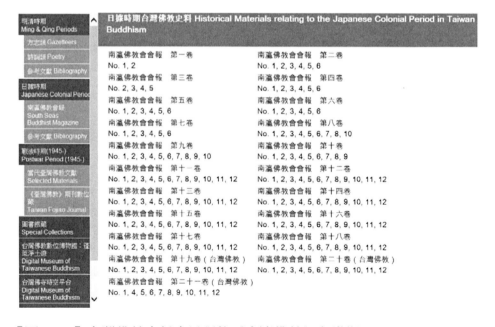

【圖1-3-2】台灣佛教史料庫呈現的《南瀛佛教》各卷期

說明：http://buddhistinformatics.ddbc.edu.tw/taiwanbuddhism/tb/

第二章　南瀛佛教會與《南瀛佛教》

第一節　總督府的宗教政策與南瀛佛教會

一、日治前的台灣宗教

　　日治前的台灣宗教，除了原住民族原有的信仰外，多是隨中國移民來台而傳入，因此流派上多屬中國南方的宗教系統，發展上則與移民來台、社會型態有密切的相關。

　　「勸君切莫過台灣，台灣恰似鬼門關；千個人去無人轉，知生知死都是難。」早年漢人移入台灣時，因遷移過程中需面對多風多浪的台灣海峽以及橫行的海盜、甚至是無良的船東；來台後則有惡劣的水土環境、與原住民間的互動等挑戰，在種種危險的壓迫下，祈求神佛的護佑成為移民們重要的心靈寄託。而移民們來台，農業的拓墾是最主要的營生方式。農業發展則與土壤、氣候等條件關係密切，於是宗教儀式與行事，便在屬於傳統農業社會的台灣根深柢固的發展了起來。〔註1〕也因此台民信仰趨向以靈驗為中心的功利主義。

　　為了有效管理台灣這塊新附地，總督府治台之初即開始著手進行各項調查，並將調查成果編輯出版為各冊報告書。〔註2〕其中在宗教部分，官方將日

〔註1〕蔡蕙頻〈日治時期臺灣的宗教發展與尊皇思想初探〉，《台北市立教育大學學報：人文社會類》40 卷 1 期（2009 年 5 月 1 日），頁 121。

〔註2〕明治 29 年（1896）12 月 21 日，臺灣總督府民政局參事官室設臨時調查組，掌管台灣舊慣事宜，此後開始一連串臺灣舊慣調查相關事務的推動，參見鄭政誠，《臺灣大調查：臨時臺灣舊慣調查會之研究》，（台北縣：博揚文化，2005），頁 419～430。

人領台前台灣民間所存在的宗教信仰，分為五大宗教：儒教、佛教、道教、齋教，以及外教（基督教）。〔註3〕茲分述如下：

（一）儒教

儒教兼具宗教、道德、政治三方面的性質。中國歷代皆以儒教為治國要道，重視祭祀，是祭政合一的系統。祭祀的對象除了山川大地等自然精氣類以外，尚有先祖先賢等人鬼崇拜。〔註4〕儒教重視修己治人，行中庸之道，屢經變遷之後，儒教成為維持社會道德重要的勢力。然而丸井圭治郎在《臺灣宗教調查報告書》第一卷中提出，屬台人舊慣信仰的儒教，因受道教迷信影響，除少數有識之士外，多不識儒教本義。人們對於奉祀儒教系統神靈廟宇的態度，完全失去原本祭祀的意義，徒流於祈福邀利而已。〔註5〕儒教系統的廟宇，有文、武廟、城隍廟、文昌廟、祖祠、節孝祠等。〔註6〕

（二）道教

根據丸井圭治郎《臺灣宗教調查報告書》第一卷中對道教的介紹，道教是在中國民間長時間發展、揉雜許多宗教的思想與形式後統合而成的宗教，〔註7〕以自然崇拜、祖先崇拜之原始宗教思想為本，配合禁咒符水之迷信、長生不老之神仙術、老莊恬淡無為之思想，以及外教——尤其是佛教——的思想及宗教儀式等而成立。〔註8〕道教奉祀神仙。神仙之說始於戰國時代，後來出現談論導引、飛昇、變化之術的方士，托老子為開山祖，方士們自稱「道士」，於是出現所謂「道教」。〔註9〕道教分為南北兩宗，北宗以宋末王重陽為開基祖，稱為全眞教；南宗以後漢張道陵為開基祖，稱為正一教，又稱天師教。南宗正一教係以符水禁咒為要諦，台灣的道教即屬南宗，分為靈寶派、老君派、瑜伽派、

〔註3〕陳金田譯，《臨時臺灣舊慣調查會第一部調查第三回報告書臺灣私法（第二卷）》，（台中縣：臺灣省文獻委員會，1993），頁170～184。

〔註4〕陳金田譯，《臨時臺灣舊慣調查會第一部調查第三回報告書臺灣私法（第二卷）》，頁170～178。

〔註5〕丸井圭治郎，《臺灣宗教調查報告書》（第一卷）（台北：台灣總督府，1919，台北：捷幼書局復刻，1993年），頁10～11。

〔註6〕井出季和太著，郭輝編譯，《日據下之臺政》卷一，（台北：海峽學術出版，2003），頁54。

〔註7〕丸井圭治郎，《臺灣宗教調查報告書》（第一卷），頁11～12。

〔註8〕井出季和太著，郭輝編譯，《日據下之臺政》卷一，頁54。

〔註9〕陳金田譯，《臨時臺灣舊慣調查會第一部調查第三回報告書臺灣私法（第二卷）》，頁179。

天師派、三奶派等五派。

　　台灣雖多道教系統之廟宇，但絕大多數皆同時祀有儒教或佛教之神靈。廟宇大多由僧侶主持，而道士居於自宅，雖講讀道書但不解教義，專以治病、禳災、祈禱、祭葬維生，成了子孫相承的職業，徒留形式的符咒、禁厭而已。〔註10〕

（三）佛教

　　佛教又稱為釋教，後漢時傳入中國，後來發展出許多宗派。台灣的佛教傳自福建與廣東，寺廟多由福州鼓山湧泉寺或怡山長慶寺僧人所開拓，屬於禪宗的臨濟、曹洞兩派。由於日治之前台灣無佛教之教育機關，僧侶修業需遠遊鼓山，但人數極少。多數僧侶係無學無智之徒，或窮老孤獨者，投靠佛寺「修行」，習得幾卷經文即稱為「僧」，專以誦讀經文為亡者祈冥福，因此所謂「和尚」在社會上並無地位。

　　禪宗的教義本在「直指人心，見性成佛。教義別傳，不立文字」，亦即不依經典，不依菩薩，由禪入定，由定得慧。台灣的佛教雖以禪宗系統為主流，但其實參雜不少淨土宗之教義，稱「心禪行淨」或稱「朝禪暮淨」。朝課誦楞嚴信咒、大悲心陀羅尼般若心經等，暮課誦阿彌陀經、四方發願文等，金剛經、楞嚴經、梁皇懺、水懺以及許多陀羅尼則隨時誦念。民眾的信仰以觀音菩薩為主，俗稱佛祖。〔註11〕

（四）齋教

　　齋教又稱為「持齋教」。教徒不出家、不著僧衣而持佛戒，長年食茱（吃齋）不食葷，俗稱「食茱人」。其齋堂俗稱為「茱堂」。吃齋者又稱「齋友」，齋友間男性互稱「茱兄弟」，女性稱「茱姐」，男女統稱「姑友」。〔註12〕由於齋友皆為俗人，除持齋、嚴守堂規外，結婚、營生與一般人無異，但亦有終生保持獨身者。〔註13〕傳入台灣的齋教分為龍華、先天、金幢三派。三派在守戒、法式、經典、祭祀等方面大多大同小異。以「戒律」為本位，尤其注

〔註10〕井出季和太著，郭輝編譯，《日據下之臺政》卷一，頁54～55。
〔註11〕井出季和太著，郭輝編譯，《日據下之臺政》卷一，頁55。陳金田譯，《臨時臺灣舊慣調查會第一部調查第三回報告書臺灣私法（第二卷）》，頁179。
〔註12〕井出季和太著，郭輝編譯，《日據下之臺政》卷一，頁56。
〔註13〕陳金田譯，《臨時臺灣舊慣調查會第一部調查第三回報告書臺灣私法（第二卷）》，頁183。

重殺生與素食，〔註 14〕均以釋迦或觀音爲本尊。早課誦金剛經、晚課誦阿彌陀經，先天派另有於午時誦心經之習。三派中以先天派持戒最嚴，具有較濃厚的儒教思想；金幢派較具道教色彩，重練氣修息；而龍華派最具世間色彩，持戒較緩，故信徒人數在三派中最多。〔註 15〕

　　根據日治時期總督府進行的調查，一般認爲齋教是明代時從禪宗的臨濟宗脫胎而來，〔註 16〕連雅堂《臺灣通史》中也承續這樣的說法。但也有研究者認爲，齋教是起源於明代中葉羅祖的「無生老母信仰」，其中揉雜儒釋道三家思想。其思想來源包含佛教常誦的經卷與禪宗頓悟的功夫、道教的經咒歌訣與養生之道、儒家的倫理思想與天道觀念，以及民間的生活習俗及教化方式，而自成一種新興的宗教體系，因此不應被歸類爲佛教。〔註 17〕然而以齋教信眾來說，他們則是自認爲是佛弟子，並以佛教正統自居。根據林朝成 1998年以台南齋堂「德化堂」爲中心的台灣齋教研究顯示，齋教信眾反應出強烈的佛教認同與佛教的宗教意識。且透過齋教經典「五部六冊」的分析，也可發現在文體規格、引書情形均有著明顯向佛教禪宗靠攏的狀況。〔註 18〕因此雖然齋教實際上與佛教仍有差異，但在日治時期則統一被視爲佛教之一派，稱爲「在家佛教」。

（五）基督教

　　台灣的基督教是荷蘭據台時期傳入，分爲天主公教會及長老教會二派，起初於南部地區傳教，後逐漸普及各地。信徒以當時被稱爲「熟番」的漢化程度較深的原住民爲多。〔註 19〕基督教在台除進行宗教的傳播外，同時進行

〔註 14〕江燦騰主編；增田福太郎原著；黃有興中譯，《臺灣宗教信仰》，（台北：東大，2005），頁 226。

〔註 15〕陳玲蓉，《日據時期神道統制下的臺灣宗教政策》，（台北：自立晚報，1992），頁 76～77。

〔註 16〕陳金田譯，《臨時臺灣舊慣調查會第一部調查第三回報告書臺灣私法（第二卷）》，頁 181。江燦騰主編；增田福太郎原著；黃有興中譯，《臺灣宗教信仰》，（台北：東大，2005），頁 222。

〔註 17〕鄭志明，《臺灣的宗教與祕密教派》，（台北市：臺原出版社，1990），頁 72～73。

〔註 18〕林朝成，《以台南德化堂爲中心之台灣齋教研究——德化堂的成立史與宗教意識的認同》（行政院國家科學委員會專題研究計畫成果結案論文報告，台南：成功大學中文系，1998 年 6 月 30 日）。http://buddhistinformatics.ddbc.edu.tw/taiwanbuddhism/tb/md/md06-05.htm（查閱日期：2013.10.12）。

〔註 19〕陳金田譯，《臨時臺灣舊慣調查會第一部調查第三回報告書臺灣私法（第二卷）》，頁 184。

醫療、教育、改善社會風俗（如禁菸、禁酒、矯戒纏足）等社會事業，對台有相當的貢獻。

（六）民間祭祀團體

日治前台灣民眾的信仰，大抵分為上述的儒、佛、齋、道、基督五大宗教。除此之外，台灣民間尚有為數眾多、為了祭祀神佛或祖先所組成的團體，稱為「神佛會」。神佛會與寺廟不同之處在於，寺廟為地方上的固定信仰，具有公眾性、地方性，神佛會則屬私人社交的一環，組成的成員通常有性質上的一致，例如由同鄉或同業等條件形成一個祭祀團體。神佛會大多不設寺廟，由會員輪流擔任「爐主」。神像或牌位供奉於爐主家中，定期舉辦祭祀、同時宴請賓客、聘請戲班進行戲劇表演，以收神人同樂的目的。

神佛會大致可區分為下列幾種：

1. 神明會

神明會的組成大約可以分為：同身分（如：同為讀書人）或同職業者、同鄉者、同姓者、居住於同街庄者等。組織的目的以會員共同祭祀同一神佛為主，亦有尋求會員間的共同利益、敦睦友誼、施行救濟事業等次要目的。組織發起後，參與的會員（稱為會腳、社友或爐下等）各自捐出一定金額，用以購置神像、香爐，餘款則為該會財產，有時會購置山林土地等不動產，以其所得利益辦理祭祀活動或慈善事業。〔註20〕會員少則四、五名，多則數百名。

2. 祖公會、祭祀公業

祖公會是同宗或同姓者，為了祭祀祖先而組織的團體。除了祭祀祖先以外，同時亦有宗族親睦、養老、獎勵子弟向學等目的。另外還有一種與祖公會類似的團體，稱為「祭祀公業」，目的同樣為祭祀祖先，只是其財產、股份的規定與祖公會不同。祖公會的股份在不違反祖公會規約下，可於會員間互相買賣或出典，祭祀公業的財產則為各房的共同財產，不得分配。〔註21〕

3. 父母會（孝子會）

劉家謀曾著海音詩云：「爭將寸草報春暉，海上啼烏作隊飛；慷慨更無人贈麥，翻憑百衲共成衣。」詩題序言：「家貧親老者，或十人或數十人為一會，遇

〔註20〕陳金田譯，《臨時臺灣舊慣調查會第一部調查第三回報告書臺灣私法（第二卷）》，頁206～207。
〔註21〕陳玲蓉，《日據時期神道統制下的臺灣宗教政策》，（台北：自立晚報，1992），頁79～80。

有大故，同會者醵金爲喪葬之資，競赴其家，助奔走焉，謂之父母會。」就如同此詩題序所言，「父母會」的組成，是以會員間互相補助喪葬費用爲目的所組織的團體。其運作方式爲：設立時，由會員（十餘人至四五十人不等）出資一元至二、三元作爲本金，以其利息祀奉神佛，參與之會員各指定一親屬，其人亡故時由各會員捐資一元至二、三元補助其喪葬費。父母會不允許新會員入會，待各會員所指定之親屬全部亡故後此會即解散，〔註22〕，屬於一種保險團體。

4. 共祭會

共祭會類似於神明會，但其會員資格較無限制，通常是以同一街庄或數街庄之全部居民或種族組織而成的神佛祭祀團體。因爲沒有入會捐資的規定，共祭會並無財產。其供奉的神像由各街庄或各團體輪流保管，祭祀活動亦由各街庄輪流舉辦。若遇到外患，例如土匪來襲時，共祭會亦發揮集體保護街庄或種族安全的作用。〔註23〕

另外還有台灣民眾信仰主流的巫覡術士信仰。巫覡是指法師、符法師、乩童、女巫等，稱神明附身傳遞神意或替人驅邪消災、祈禱、占卜爲業者。術士則是相命、卜卦、地理師等的總稱，以擇日、觀相、觀地理爲業。日治時期曾明令禁止，但因民眾信仰極深，始終盛行於民間。〔註24〕

台灣日治以前的「儒教」、「道教」、「佛教」（包含被稱爲「在家佛教」的「齋教」）原屬不同信仰，但長久發展以來，三教遂呈現一種混雜的現象。〔註25〕增田福太郎在《臺灣の宗教》〔註26〕序章中舉出三教混淆的例子：有原屬於佛教的「寺」中未安置佛像、未有僧尼居住者、原應供奉神或仙的「宮」或「廟」卻以觀音或地藏爲主神；僧侶不居於寺廟而居於自家；僧侶原應負責祭葬等「死」事，道士應負責「生」事，台人卻習慣將葬儀委於道士。甚至佛像的開光也是交由道士爲之，由此可見三教融合的情形在台十分普遍。〔註27〕因此儒、道、佛（含齋教）三教被歸爲台人的「舊慣信仰」。

〔註22〕井出季和太著，郭輝編譯，《日據下之臺政》卷一，頁59～60。

〔註23〕井出季和太著，郭輝編譯，《日據下之臺政》卷一，頁60。

〔註24〕陳玲蓉，《日據時期神道統制下的臺灣宗教政策》，頁81。

〔註25〕增田福太郎認爲，台灣人原有的宗教就形式而言可以分爲道、儒、佛三教，但實質而言乃此三宗教混融的一大民間宗教。江燦騰主編；增田福太郎原著；黃有興中譯，《臺灣宗教信仰》，（台北：東大，2005），頁96。

〔註26〕此書於2005年由江燦騰主編，黃有興中譯爲《臺灣宗教信仰》一書。

〔註27〕江燦騰主編；增田福太郎原著；黃有興中譯，《臺灣宗教信仰》，頁97。

二、總督府的宗教政策

　　楊雲萍在《臺灣風物》第四十卷第三期刊出一張其祖父於日治時期，被屬日本佛教一派之淨土眞宗「囑託」擔任「商議員」的證書，並爲文提到：「日人初來統治臺灣，當然帶來不少的兵力、武力，這是當然的。可是，他同時又帶來一批『和尚』──親鸞上人的淨土眞宗一派。他們以爲統治臺灣，不能僅靠『武力』，又得靠文化、宗教的力量才行，……研究臺灣史的，似也要更注意『宗教』的問題。『武力』與『宗教』並重，似少人注意到。」〔註28〕日本接收台灣初期，面對反抗勢力，日本當局採取以武力鎭壓的方式加以平定，然而就如引文中所言，若要徹底的將台灣納入統治，除了武力外，文化、宗教的力量絕不容被忽視。

　　近年來隨著「臺灣學」成爲顯學，日治時期宗教相關的研究至今自然也已累積出相當的成果。對於日人在台所施行的宗教政策，一般被劃分爲三期，〔註29〕根據蔡錦堂的劃分，第一時期爲 1895～1914；以西來庵事件爲分界，第二時期 1915～1930；九一八事變爆發後進入第三時期 1931～1945。

　　第一時期蔡錦堂沿襲劉枝萬的用語，稱之爲「放任」、「溫存」的時期。由於日本領台初期，各地反抗頻仍，統治未穩固的狀況下，基於安定民心、避免激起民怨的考量，日本當局在此階段的宗教政策，採取依據日本本國的「帝國憲法」中保障信仰自由的條款，對於台灣原有的信仰，原則上不加以干預，〔註30〕對於宮廟寺院亦加以保護，〔註31〕在台灣舊慣風俗未明顯違反日本本國法律、造成施政障礙的狀況下，皆予以尊重保護，「以供施政之便」。〔註32〕

〔註28〕楊雲萍，〈楊氏習靜樓藏臺灣古書契偶存（十五）〉，《臺灣風物》第四十卷第三期，（台北縣：臺灣風物雜誌社，1990），頁 I。

〔註29〕劉萬枝、陳玲蓉皆以明治（1895~1911）、大正（1912~1925）、昭和（1926~1945）爲依據，將日本在台施行的宗教政策劃分爲三期，蔡錦堂則以西來庵事件、九一八事變爲分界，將日治時期臺灣的宗教政策劃爲三期，本文採蔡錦堂的劃分方式。

〔註30〕陳玲蓉，《日據時期神道統制下的臺灣宗教政策》，頁 85。

〔註31〕擔任第一任總督的樺山資紀於明治 29 年（1896）1 月 18 日發表諭告：「本島固有之宮廟寺院等，其於建立雖有公私之別，但是其信仰尊崇之結果，爲德義之標準，秩序之本源，於保民治安上亦不可或缺。現在際於其務倥傯之時，供於軍用雖屬勢所難免，但須注意不得濫爲損傷舊慣，尤其破毀靈像，散亂神器禮具等行爲，絕不容許肆意妄爲。因此，今後應更注意保存，如有暫供軍用者，著即儘速恢復舊觀，特此諭告。」（李嘉嵩，轉引自陳玲蓉《日據時期神道統制下的臺灣宗教政策》，頁 86）

〔註32〕陳玲蓉，《日據時期神道統制下的臺灣宗教政策》，頁 87。

　　因此日治初期的台灣宗教政策，即在「安定民心」此一大原則下，以尊重民意為基本方針而加以推行。然而殖民當局亦深知，若欲於日後有效統治台灣，充分了解台灣固有的慣習、風土與信仰，有絕對的必要性，因此在此同時，日本總督府也著手進行了一連串的舊慣調查。在宗教方面則進行「寺廟台帳」的建立，並於明治32年（1899年）頒布〈社寺、教務所、說教所設立廢除合併規則〉〔註33〕，初步確立在台統治的宗教行政法規和制度。〔註34〕一方面以安撫民心為原則，尊重台灣舊有風俗、信仰，另一方面也將各宗教及其活動適當的控制在總督府的領導下，為日後總督府處理及監督宗教事務提供法律及政策的依據。〔註35〕

　　第二時期（1915～1930）以西來庵事件爆發作為分界，進入「監督」、「指導」期。西來庵事件發生於大正4年（1915），又稱為「噍吧哖事件」，或依主事者，稱為「余清芳事件」。一般認為西來庵事件是由齋教徒所組織的抗日事件，但根據學者研究，「西來庵」其實是一個鸞堂，西來庵事件其實是由儒教系統的鸞堂信徒組織策畫的抗日事件，而非齋教。但因事件中的主事眾人食齋，且事件當時也多有與各齋堂聯繫往來，因而予人此一印象。〔註36〕

　　這場發生於日人治台已20年、政局已呈穩定狀態的大規模抗日事件，讓日本當局警覺到台人的傳統宗教信仰，對治台安定是一股潛在的威脅力量。傳統宗教信仰中除了具有濃厚的漢文化認同，其中迷信的成分亦易於煽動群眾、糾集組織。余清芳等人即是利用謠讖、扶乩假託神諭煽動群眾，並以符法保證參與者的安全，欲圖趕走日人，建立「大明慈悲國」。因此總督府未待事變結束即開始構思全島宗教調查的實施，於西元1915年到1918年展開了為期三年的大規模宗教調查。

　　此次的宗教調查由時任總督府編修官兼翻譯官的丸井圭治郎主持，調查範圍包括寺廟名稱、所在地、主祀神佛、沿革、信仰狀況、信眾情形等。〔註37〕

〔註33〕此規則的頒布，代表此後台灣所有新設之神社寺廟、以及舊有的神社寺廟之遷移、合併、廢除皆須在日本當局的監督之下始能進行。完整條文參見溫國良編譯，《台灣總督府公文類纂宗教史料彙編（明治三十五年八月至明治四十二年六月）》，（南投：台灣省文獻館，2009），頁183～187。

〔註34〕江燦騰，《日據時期臺灣佛教文化發展史》，（台北：南天書局，2001），頁44。

〔註35〕吳敏霞，《日據時期的台灣佛教》，（台中：太平慈光寺，2007），頁66～67。

〔註36〕王見川，〈西來庵事件與道教、鸞堂之關係——兼論其周邊問題〉，《臺灣的宗教與文化》，（台北：博揚文化，1999），頁309～335。

〔註37〕吳敏霞，《日據時期的台灣佛教》，頁267～268。

第一波調查於大正四年（1915）十月至隔年三月進行。但因實施時間倉促、準備不足，且時值西來庵事件結束不久，台人對此措施充滿疑懼，甚至傳出寺廟所附屬的公共財產將被沒收等謠言，〔註38〕因此調查遭遇抵制，使得調查成果不如預期。〔註39〕總督府於是在大正五年（1916）四月至隔年八月再度展開第二波調查。爲使調查更具成效，此次的調查總督府態度更爲強硬，不僅派令公學校教員及警察官吏爲調查員，並由保役員稽查，確保調查的確實。舉凡僧道術士、女巫、日者、卜卦、看命、食荣人等，皆在受查範圍，需在規定期限內親自攜帶帳籍土地台帳謄本，以及相關書面資料受查。其他慣用法器，諸如龜殼、竹籤之類，亦須攜帶以備查閱。〔註40〕這一次的調查行動，雖較具成效，但因「記述事項取捨之精粗不一，離所預期目標尚遠」〔註41〕，因此大正六年（1917）9月，再度進行第三波的宗教調查。第三波調查由總督府印發宗教調查記載體例予各廳，令各廳依體例填寫調查資料，提交成果。而後這些調查資料由丸井圭治郎負責統整分類，於大正八年（1919）三月提出《臺灣宗教調查報告書》第一卷，全台大規模的宗教調查至此終於告一段落。

　　爲期三年的大規模宗教調查，最終目的就是做爲總督府制訂對台宗教政策的依據。進入第二期，總督府對台的宗教政策也由一開始的溫存放任轉爲監督、指導。〔註42〕台灣各宗教爲撇清嫌疑或爲尋求自保，亦紛紛成立如「台灣青年佛教會」、「台灣佛教龍華會」、「南瀛佛教會」等宗教聯合組織，進行組織變革，學習日本佛教重視人才培育以及積極參與社會等措施。總督府亦於大正七年（1918）設置專門處理宗教事務的「社寺課」，隔年更將原本隸屬地方課管轄的社寺課提升改隸於內務局，由丸井圭治郎擔任第一任課長。此舉不但顯示總督府當局對宗教事務的重視，同時也標誌著當局開始將宗教事務上升爲政治事務，必然予以政治上的干預與監督。〔註43〕同時，由此時起，

〔註38〕不著撰人，〈臺中通信：宗教調查與民情〉，《臺灣日日新報》，大正5年3月5日，2版。

〔註39〕王見川，〈西來庵事件與道教、鸞堂之關係——兼論其周邊問題〉，《臺灣的宗教與文化》，頁324。

〔註40〕不著撰者，〈宗教調查準備〉，《臺灣日日新報》，大正5年9月6日，6版。

〔註41〕丸井圭治郎，《臺灣宗教調查報告書第一卷·辨言》，（臺中：臺灣總督府，1919）（臺北：捷幼出版社，1993年重刊）。

〔註42〕蔡錦堂，〈日據時期台灣之宗教政策〉，《臺灣風物》第42卷第4期，1992年12月31日，頁115。

〔註43〕吳敏霞，《日據時期的台灣佛教》，頁292～296。

「在國家神道方面的監督、指導或是法規的準備開始加強」〔註44〕，將神社與宗教分離，強調神道非屬於宗教，而是超越宗教，屬於「道德」層級的存在，要求台灣各宗教皆須派員參加神社的祭典活動。

　　日本對台的宗教政策，以九一八事變爆發爲分界，進入第三個時期（1931～1945）。由於戰爭擴大，統治者藉由「敬神崇祖」精神的強化以凝聚民眾的向心力。此時開始有各式教化運動的展開〔註45〕（見【表2-1】）。此時期蔡錦堂稱之爲「精神強化期」，也有研究者稱之爲「皇民化改造期」〔註46〕。昭和十一年（1936）「民風作興協議會」召開，主題爲「振作國民精神」、「要求同化的徹底」，強調將敬神思想、神社崇敬列爲運動的第一要項，開始對於台灣民間宗教、寺廟、戲劇演出、講古等提出改善。隔年「正廳改善運動」要求家家戶戶設置神棚供奉神宮大麻，以取代傳統神佛、祖先牌位成爲家庭精神中心。〔註47〕再次年「寺廟整理運動」強制將台灣舊慣信仰寺廟拆除或變更他用、神像集中燒毀、祭器予以毀棄。寺廟整理運動後來雖在各界反對聲浪中匆促結束，但也對台灣舊有的宗教信仰造成很大的打擊與傷害。

【表2-1】總督府在台相關宗教政策或相關組織成立一覽表

日本紀年	西元紀年	總督府相關宗教政策或相關組織成立
明治 32 年	1988	成立神宮奉齋全台灣本部
大正 4 年～7 年	1915～1918	丸井圭治郎主持全島宗教調查
大正 7 年	1918	社寺課成立
大正 8 年	1919.3	《臺灣宗教調查報告第一卷》
大正 10 年	1921	南瀛佛教會成立（4 月）
大正 12 年	1923	南瀛佛教會報發行第一卷第一號（7 月 10 日）
大正 13 年	1924	台灣神職會
昭和 4 年～5 年	1929～1930	增田福太郎主持第二次宗教調查、李添春協助
昭和 9 年	1934	一街莊一神社、臺灣社會教化協議會（3 月）

〔註44〕蔡錦堂，〈日據時期台灣之宗教政策〉，《臺灣風物》第 42 卷第 4 期，頁 115。
〔註45〕蔡錦堂，〈日據時期台灣之宗教政策〉，《臺灣風物》第 42 卷第 4 期，頁 116
　　　　～117。
〔註46〕蘇正全，〈臺灣佛教與家族──以霧峰林家爲中心之研究〉，（嘉義，中正大學歷史研究所博士班，2011），頁 36。
〔註47〕蔡錦堂，〈日據時期台灣之宗教政策〉，《臺灣風物》第 42 卷第 4 期，頁 117
　　　　～125。

日本紀年	西元紀年	總督府相關宗教政策或相關組織成立
昭和 10 年	1935	打破舊慣信仰運動
昭和 11 年	1936.3	台中州佛教聯合會
	1936.7	民風作興協議會
	1936.11	神宮大麻頒布儀式
昭和 12 年	1937	正廳改善運動
	1937.5	小林躋造治台重點三政策：皇民化、工業化、南進化
	1937.9	近衛內閣發表「國民精神總動員計畫」，總督府公布〈國民精神總動員實施綱要〉
昭和 13 年	1938	寺廟整理運動
昭和 14 年	1939	總督府於《臺日新報》聲明對於「寺廟整理運動」反對全廢方針
昭和 15 年	1940.10.21	台灣大政翼贊協力會等籌備委員會
昭和 16 年	1941.4.19	皇民奉公會
	1941.9.01	台灣佛教奉公團
昭和 17 年	1942	寺院戰時體制
昭和 18 年	1943.12	《臺灣佛教》第二十一卷第十二號（12 月 20 日）停刊

資料來源：自行整理

三、南瀛佛教會的成立

　　大正四年（1915）的西來庵事件，致使總督府開始大力關注台灣傳統宗教。統治當局認為，台灣宗教充滿迷信，需灌輸正確的信仰予以導正，且台灣僧侶、齋友素質普遍不高，因此倡辦教育機構有其必要性。「鎮南中學林」（臨濟宗）、「臺灣佛教中學林」（曹洞宗）於是陸續於大正五年、大正六年開辦，希望透過正規的現代養成教育培育具有現代知能的僧侶。然而透過正規教育的培育少則一年，多則三年始能初見成效，對於朝野上下共識急需進行宗教改革而言，尚需有其他可收立即之效的做法進行配合。大正十年（1921）「南瀛佛教會」在擔任社寺課長的丸井圭治郎主導下成立，開始透過講習會的舉辦、機關刊物的發行，向台民信徒宣導「符合執政當局心意」的「進步」的宗教觀念。〔註48〕

〔註48〕關於臺灣佛教中學林的設立乃至南瀛佛教會的成立，其中牽扯的臨濟宗與曹

　　大正十年二月初，丸井圭治郎召集台灣傳統佛教界名士：基隆月眉山靈泉寺住持江善慧、觀音山凌雲寺住持沈本圓至自宅，諭之以組織聯合全台的宗教團體的構想，兩人皆表贊成。二月二十三日，丸井氏再邀兩人至社寺課內討論舉行協議會的時間等具體事項，決議邀集台北附近之有名僧侶、齋友共襄盛舉。當月二十六日，會議於艋舺龍山寺前艋舺俱樂部召開。丸井氏親臨演說「爲佛教之振興，必要組織佛教一團體，庶持久遠，而垂將來」，獲得與會諸人的支持，會中遂推江善慧、沈本圓、陳火、黃監等四名爲創立委員。由於組織尚要擴張於全台各地，而此次的創立協議會是以台北地區僧侶齋友爲主，未具全台代表性，因此擔任創立委員的江善慧、沈本圓與丸井氏、社寺課員水野等四人旋即於三月二日南下，於新竹、台中、台南分別召開協議會，邀請當地有名望之僧侶齋友加入。〔註49〕

　　三月二日於新竹證善堂召開新竹地區之協議會，選定周維金、葉普霖、陳清水爲創立委員；台中地區於三月四日愼齋堂召開，選定林柱、許林、蕭賜福、林德林、黃覺定爲創立委員；台南地區於三月六日開元寺召開，選定鄭成圓、李善性、蘇光顯、林永定、陳耀文、盧震亨、廖炭爲創立委員，〔註50〕完成全台佛教的聯絡。

　　全台聯絡的工作完成後，社寺課於同年三月二十五日召集台北地區的四名創立委員，討論南瀛佛教會成立總會的舉行時間、地點及創會典禮流程等事宜。最後敲定四月四日上午九點，於艋舺龍山寺前的艋舺俱樂部舉行。參加者除台北、新竹、嘉義、台南、高雄等各地佛、齋教代表者，總督府官員方面亦有多人出席：內務局長末松、警務局長川崎、社寺課長丸井圭治郎、台北州教育課長太田等。一行人先拜訪總務長官下村官邸，由下村長官予以訓示，後才回到成立大會會場──艋舺俱樂部，舉行創會典禮。會中再由社寺課長丸井講述組織成立的始末、末松局長發表訓詞，顯見此一新生宗教團體濃厚的官方色彩。〔註51〕

　　洞宗的勢力鬥爭問題江燦騰於《日據時期臺灣佛教文化發展史》頁155～頁176有詳細的分析論述。

〔註49〕不著撰者，〈南瀛佛教會之沿革〉，《南瀛佛教會報》第1卷第1號（1923年7月），頁19～20。

〔註50〕不著撰者，〈南瀛佛教會之沿革〉，《南瀛佛教會報》第1卷第1號（1923年7月），頁20～22。

〔註51〕不著撰者，〈南瀛佛教會沿革（一）〉，《南瀛佛教》第11卷第3號（1933年3月），頁40。

創立總會中初步研議南瀛佛教會規則，此後經過多次修改增補，最後確立會則共十四條：〔註52〕

第一條　本會稱爲南瀛佛教會，其本部暫置於總督府文教局社會課內，〔註53〕支部應其必要設置於地方，支部規則別以定之。

第二條　本會以本島在住之本島人僧侶、齋友之有志者並及地位高級有名望家之外護者組織。

第三條　本會欲涵養會員之智德，而聯絡內地之佛教，冀圖佛教之振興，開發島民之心地以爲目的。

第四條　以欲達本會之目的故舉行如左之事項：

一、開催講習會、研究會及講演會等。

二、調查關於宗教之重要事項，及發刊機關雜誌。

第五條　本會役員置之如左：〔註54〕

一、會長，推載臺灣總督府文教局長。

二、顧問一名，由理事推薦。

三、副會長，推載臺灣總督府文教局社會課長。

四、理事若干名，由會員選舉。

五、幹事若干名，同（即由會員選舉）。

但由地方之事情理事得兼幹事。

第六條　會長總理會務，並代表本會。顧問補佐會長。副會長補佐會長，會長若有事故之時，可以代理。理事受會長之命，掌理會務。幹事受長上之指揮，從事庶務會計。

第七條　會長對於會員中，有學識德望者命爲教師，使其傳道布教。

〔註52〕不著撰者，〈南瀛佛教會規則〉，《南瀛佛教》第 5 卷第 3 號（1927 年 5 月），扉頁。

〔註53〕南瀛佛教會創立之初，本部設於台灣總督府內務局社寺課（見《南瀛佛教會報》第 1 卷第 1 號至第 2 卷第 6 號）、社寺課裁撤後移於新設之內務局文教課（第 3 卷第 2 號至第 4 卷第 5 號），最後隨總督府官制改正，移轉於文教局社會課內（第 4 卷第 6 號起以迄）。

〔註54〕《南瀛佛教》第 5 卷第 3 號（1927 年 5 月）扉頁。南瀛佛教會會長、副會長產生方式原本爲「由理事推薦」，昭和二年（1927 年）4 月 23 日南瀛佛教會第六回總會中進行會則修改，會長及副會長的產生分別改爲推載文教局長、文教局社會課長擔任。參見《南瀛佛教》第 5 卷第 3 號（1927 年 5 月），頁52。

第八條　本會會員四種分爲如左：

　　　　一、通常會員：會費年額納金二圓者，但得每年三月、九月二

　　　　　　回分納。

　　　　二、正會員：會費年額納金五圓者，但納期與通常會員同。

　　　　三、特別會員：一時納付金五十圓以上者。

　　　　四、名譽會員：碩學高德或於本會特有功勞者推薦之。

　　　　通常會員及正會員之會費，繳納期間限爲十個年，若一時會費

　　　　全部繳納者，通常會員金十六圓，正會員金四十圓也。

第九條　本會會員交付會員證及徽章，但徽章再下附之時當徵收實費。

第十條　會員退會或除名之時，前納之會費均不退還。

第十一條　若欲入會者，明記住所、姓名及職業等，以會員之紹介，方

　　　　　可申込本會。

第十二條　倘若會員有污本會之面目而怠於會員之義務者，或有除名。

第十三條　本會每年四月擬開總會，而報告一個年中之會務及會計、其

　　　　　他決議重要之事項。

第十四條　本會會則非得役員三分之二以上之贊成者不得變更。

　　首任會長由時任社寺課課長、並一手催生南瀛佛教會的丸井圭治郎擔
任，〔註55〕此後歷任會長皆由文教局長擔任。〔註56〕而不僅會長全權掌理會
務並代表該會，會則第三條亦言明，該會成立之目的在於聯絡內地之佛教、
開發島民之心地，由此可察知，南瀛佛教會雖由民間宗教人士糾集創立，但
實爲深具官方性質的組織，是殖民當局對台宗教調整、並開始介入台灣宗教
事務的具體舉措。〔註57〕

　　然而即便官方背景明顯如斯，甚至於講師至他地宣教的車資問題亦希望
官方予以支援，〔註58〕但南瀛佛教會名義上終究只是「民間宗教團體」。依據

〔註55〕丸井氏於大正11年（1922）12月17日正式接任會長，此前則擔任南瀛佛教
　　　　會顧問一職但實際實行會務，參見《南瀛佛教會報》第1卷第1號（1923年
　　　　7月）〈南瀛佛教之沿革〉，頁25、頁33。

〔註56〕社寺課裁撤、丸井氏去職後，南瀛佛教會會長由內務局長木下信擔任（大正
　　　　14年（1925）2月12日至昭和2年（1927）2月1日），此後歷任會長皆由文
　　　　教局長擔任。參見《南瀛佛教會報》第3卷第2號〈雜報・新會長就任〉、《臺
　　　　灣佛教》第21卷第12號〈歷代本會會長〉。

〔註57〕吳敏霞，《日據時期的台灣佛教》，頁315。

〔註58〕昭和三年五月召開之特別委員會決議：「必於地方開定期布教。教師由本會長

日本憲法，賦予人民有宗教信仰的自由，而歷任總督府的訓示亦同樣宣言，除非台灣民間的宗教信仰過度迷信、對社會造成不良影響，否則政府是要予以尊重保護的。積極推動南瀛佛教會成立、甚至擔任實際執行會務角色的丸井圭治郎，自然不能違反這樣的原則。大正十三年（1924）五月舉行的第四回總會中，與會的會員提出議案，希望透過官廳賦予南瀛佛教會特殊權力，以利達成統一全台佛教的目標，時任會長的丸井氏則明確答覆「使官廳特別與本會特殊權力，終不可能也。」〔註59〕

　　即使如此，依附著總督府而成立的這個「本島唯一之超宗派的寺廟齋堂整理聯絡機關」，〔註60〕仍然在官方的掌控下，於日治時期台灣佛教改革與發展中發揮決定性的影響力。

第二節　《南瀛佛教》的創刊與發行

一、《南瀛佛教》的創刊

　　南瀛佛教會成立後，隨即積極辦理講習會。〔註61〕而根據會則第四條，發行雜誌亦是該會目標之一，但因諸多手續問題，遲至大正十二年（1923）七月十日始發行第一卷第一號，距離組織成立已二年又三個月了。

　　大正十一年（1922）四月六日，南瀛佛教會召開第二回總會，會中議案之一即是關於雜誌發行事項：

> 四、關於本會最認為適當之事業計畫
>
> 右依本會規則第四條內記載，乃得發行雜誌。其內容定為一般論說佛教研究，及詩文雜報。但該雜誌編輯者囑託魏清德氏校正，於隔月後發行。七月中初刊，原稿總會之先須要搜集綴訂成冊，先行呈

　　指名。若遠方而要車費時，本會向交通局，請求待遇乘車券（或給相當車代）茲仰會長，依賴各地方關係官員協力後援。」不著撰者，〈會報〉，《南瀛佛教》第6卷第3號（1928年6月），頁51。

〔註59〕不著撰者，〈南瀛佛教會之沿革（續）〉，《南瀛佛教會報》第2卷第4號（1924年8月），頁31。

〔註60〕不著撰者，〈雜報・南瀛佛教會總會〉，《南瀛佛教》第11卷第4號（1933年4月），頁48。

〔註61〕成立後三個月（大正10年7月）即於台北辦理第一回講習會、11月於台南開元寺辦理第二回講習會。參見《南瀛佛教會報》第1卷第1號（1923年7月）〈南瀛佛教之沿革〉，頁23、頁25。

送社寺課長閱覽，承允許後方能出版。〔註62〕

原本計畫在當年七月中發刊的雜誌後來卻無法如期出刊，根據同年十二月十七日臨時總會紀錄：

> 雜誌發刊之件，因本年大有種種故障不得如願俟，來春決定著手舉行，若得順序則當速速發刊。〔註63〕

因為有種種困難，被視為是「本會最認為適當之事業計畫」的雜誌發行又再一次的延遲，最後終於在大正十二年（1923）七月十日發行第一卷第一號，此後預計每二個月發行一回，以南瀛佛教會會員為對象進行發送。雜誌內容包含宗教研究、佛教修養、經典的解說及台灣民間宗教研究資料等，以運用於宗教教育上。此外也闢有漢詩欄，供會員們唱和交流、「雜報」報導教界動向，及供閒暇娛樂的笑話作品、故事體作品的刊載。

二、《南瀛佛教》的發行與歷任編輯者

（一）《南瀛佛教》的發行

《南瀛佛教》於大正十二年（1923）七月發行創刊號後，維持隔月發刊的頻率。初創刊時的刊名為《南瀛佛教會會報》，如其名，是針對會員發行的報導機關。然而對外發刊、擴大影響力一直是創辦此雜誌的目標，因此自昭和二年（1927）一月第五卷第一號起，以會報名稱改為雜誌名義發行。〔註64〕刊名改為《南瀛佛教》，並從昭和五年（1930）一月起，增加發行頻率，一月一刊，並擴大對外發行，讓一般民眾亦能購讀。昭和十六年（1941）第十九卷第二號，因組織更名為「臺灣佛教會」，刊物也因此改稱《臺灣佛教》。

由於南瀛佛教會成立的目的在於「提升本島人僧侶齋友之智識」，進而「改善、振興本島的在來宗教」，從而「促進島民同化」〔註65〕，一開始所設定的會員招收對象僅限於本島人〔註66〕。而創立當時的會員以島內舊慣寺院的主

〔註62〕不著撰者，〈南瀛佛教會之沿革〉，《南瀛佛教會報》第1卷第1號（1923年7月），頁27。

〔註63〕不著撰者，〈南瀛佛教會之沿革〉，《南瀛佛教會報》第1卷第1號（1923年7月），頁33。

〔註64〕不著撰者，〈編輯啟事〉，《南瀛佛教》第4卷第6號（1926年12月），頁53。

〔註65〕不著撰者，〈南瀛佛教會主旨書〉，《南瀛佛教》第11卷第3號（1933年3月），頁42。

〔註66〕昭和十五年（1940）六月會則改正，除會名改稱為「臺灣佛教會」外，原來僅限本島人入會，亦改為允許內地人（日人）佛教徒加入。

事者或較年長的地方有力者占了大半，因此創刊之始，用文全部採漢文，直到第四卷第四號（大正十五年（1926）七月）增設日文欄、昭和十二年（1937）四月因響應總督府皇民化政策，由第十五卷第四號開始，除漢詩以外的漢文欄位全面被廢止。〔註67〕

　　在發行數量上，創刊初期維持在每期五百份，後隨會員日增，昭和三、四年左右的每期的發行量皆超過九百份。之後應是受到全球經濟大蕭條影響，台灣社會也出現財務不景氣的狀況，連帶影響南瀛佛教會的會費收入，因此改以只配送有繳納會費之會員。至昭和八年（1933）左右，每期發行量約五、六百份，以會員比例觀之正好是二人一份。後隨經濟復甦，會費繳納情形逐漸好轉，從昭和十年起至十五年平均是八百份，昭和十六年（1941）更回升至九百份。但此榮景並未能維持，隨著時局日漸艱難，南瀛佛教會出現「退會的會員比入會的多」的情形，發行量至昭和十八年（1943）十二月停刊時平均約發行七百五十份。〔註68〕二十年又五個月的發行期間，共出版一百九十六號。

（二）《南瀛佛教》歷任編輯者

　　根據南瀛佛教會第二回總會時的決議，《南瀛佛教》出刊前需經會長審閱同意後始可發行，〔註69〕而南瀛佛教會除第一任會長為社寺課長、第二任為內務局長外，其餘皆由文教局長擔任，因此這份刊物的發言權可說是掌握在總督府的手上。然而影響一份刊物的走向的，除了上級機關的「指導」外，編輯者的思想、立場對於文章的選刊更是有直接的關聯。依據任職社寺課、長年擔任《南瀛佛教》編輯工作的江木生所撰寫的〈臺灣佛教二十年〉一文，《南瀛佛教》近二十一年的刊行期間，共歷經七位編輯者：江木生、林德林、李添春、高執德、曾景來、田村智友、竹中英貴。但除了這幾位之外，其實還有一位重要的編輯者未被列入，那就是知名傳統文人——林述三。

〔註67〕雖宣稱於第 15 卷第 4 號起廢止漢文欄，但其實在第 15 卷第 3 號時，全號就已經除了漢詩欄外，僅餘「文苑」一欄（刊登 8 篇以中國因果報應故事為主的短篇作品），約 2 頁，仍為漢文，其餘文章全以日文刊登了。該期編輯於〈編輯後記〉中，除宣告下一期開始廢止漢文欄外，也表示漢文投稿文章很多，會盡力將其譯為日文後再予以刊登。與前一號（第 15 卷第 2 號）還有超過 12 頁漢文作品相較，相差十分懸殊，顯示《南瀛佛教》實際上從第 15 卷第 3 號開始，就已經在落實總督府的廢除漢文欄政策了。

〔註68〕江木生，〈臺灣佛教二十年〉，《臺灣佛教》第 21 卷第 12 號（1943 年 12 月），頁 34～35。

〔註69〕不著撰者，〈南瀛佛教會之沿革〉，《南瀛佛教會報》第 1 卷第 1 號（1923 年 7 月），頁 34。

　　何以得知林述三亦曾參與編務？首先，在第六卷第四號卷末編輯者向讀者們作暑期問候的欄位上，很明確地列出了「南瀛佛教編輯室　林述三　江木生」這樣的記載，〔註70〕（見【圖2-1-1】、【圖2-1-2】）且由【表2-2】林述三參與《南瀛佛教》一覽表可以看出，林述三由《南瀛佛教》創刊起，至第七卷第五號編輯事務轉移、委由臺中佛教會林德林營辦止，在《南瀛佛教》的編輯出版、甚至稿件提供上，有相當大的參與比例。以大正十三年（1924）十二月出刊的第二卷第六號為例，「說苑」欄刊登了林述三以「怪星」為筆名的小說作品〈色即是空〉，「想華」欄分「文抄」、「詩話」、「詩選」、「燈謎」四部分，「文抄」刊登了雲南雞足山住持德清〈題贈善慧和尚上人〉一文，文末由「述三」點評；〈詩話〉由「怪星」主筆；「詩選」所刊登的作品為「林述三選」，部分詩作下方還有簡單的評點、「燈謎」由「唐山客集」，而「唐山客」則是林述三另一筆名。另外「雜報」欄有〈燈謎奉教〉二則，由前號（第二卷第五號）可知，此部分亦為林述三所作。〔註71〕統計下來，第二卷第六號全卷32頁，其中10頁由林述三執筆或主持。

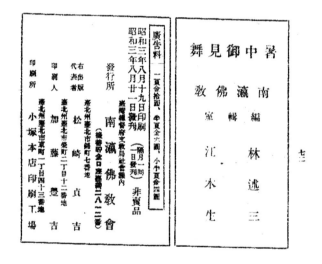

【圖2-1-1】《南瀛佛教》第六卷第四號編輯室暑期問候

資料來源：《南瀛佛教》第六卷第四號，頁72（台北：南瀛佛教會。1928.8）

說明：刊載於第六卷第四號的「編輯室」暑期問候，可看到是由林述三與江木生聯名刊登

〔註70〕見《南瀛佛教》第6卷第4號（1928年8月），頁72。第7卷第1號（1929年2月）「南瀛佛教會編輯處」新年賀詞亦由兩人聯合署名。

〔註71〕第2卷第5號〈燈謎奉教〉有註明「朮參擬」，見《南瀛佛教》第2卷第5號（1924年10月），頁27。

【圖 2-1-2】《南瀛佛教》第七卷第一號編輯處新年問候

資料來源：《南瀛佛教》第七卷第一號，頁 18（台北：南瀛佛教會。1929）

說明：刊載於第七卷第一號的「編輯處」新年問候，也是由林述三與江木生聯名刊登

　　總計林氏於《南瀛佛教》參與情形，由創刊起至第七卷第四號為止，共計三十四號中，有十八回的〈卷頭辭〉由林述三撰寫；除了第一卷第一號以外，漢詩欄皆由林述三選刊、點評；而論壇中的文章若有評述，亦皆出於林氏之手。從〈卷頭辭〉的撰寫以及進行詩文的點評，顯見林氏非一般投稿者，而是實際參與刊物編輯、運作的編輯一員，於《南瀛佛教》編務參與甚深。由以上觀察可知，林氏雖未被列名於《南瀛佛教》編輯陣容中，但實質上確有參與編輯事務，且明顯主導了該段期間《南瀛佛教》的思想方向，因此在進行《南瀛佛教》歷任編輯的背景探討時，林氏是不容忽視的重要存在。

【表 2-2】林述三參與《南瀛佛教》情形一覽表

卷次	卷頭辭	詩選	想華	論壇	說苑
1-2	許林	林述三選	詩話（怪星）		
2-1	丸井	林述三選	詩話（怪星）		
2-2	丸井	林述三選	詩話（怪星） 燈謎（金剛經句）（唐山客）		色即是空（林述三）

卷次	卷頭辭	詩選	想華	論壇	說苑
2-3	大燈國師遺誡	林述三選	詩話（怪星） 燈謎（唐山客）		色即是空（續）（怪星）
2-4	蔡南樵	林述三選	詩話（怪星） 燈謎（唐山客）		色即是空（續）（怪星）
2-5	許林	林述三選	詩話（怪星） 燈謎（唐山客）		色即是空（續）（怪星）
2-6	蔡南樵	林述三選	詩話（怪星） 燈謎（唐山客）		色即是空（續）（怪星）
3-2	歡迎新會長辭	林述三選	詩話（怪星）		色即是空（完）（怪星） 青白牛說（述三）
3-3	蔡南樵	林述三選	詩話（怪星） 燈謎（唐山客）		一念之差（怪星） 佛家笑得好 2 則（唐山客）
3-4	怪星	林述三選	詩話（怪星） 燈謎（唐山客）	〈佛教爲裨益國家社會說　擬作〉（林述三） *其他諸篇亦由述三評述	一念之差（二）（怪星） 玉壺冰（唐山客） 佛家笑得好（唐山客）
3-5	怪星	林述三選	詩話（怪星） 燈謎（唐山客）		一念之差（三）（怪星） 玉壺冰（二）（唐山客） 佛家笑得好（唐山客）
4-1	木下信	林述三選	詩話（怪星） 燈謎（唐山客）		虎悵（荅草） 虎戲（荅草） 虎姑婆（荅草） 一念之差（五）（怪星） 玉壺冰（四）（唐山客）
4-2	林述三（尤參）	林述三選	詩話（怪星） 燈謎法華經（唐山客）	*述三評述	一念之差（六）（怪星） 玉壺冰（五）（唐山客） 佛家笑得好（唐山客）
4-3	述三（尤參）	林述三選	詩話（怪星） 燈謎維摩經（唐山客）	〈達人知命說〉（尤參荅草） 〈縛心與攻心說〉（尤參荅艸）	去垢說（怪星） 一念之差（完）（怪星） 玉壺冰（六）（唐山客） 佛家笑得好（唐山客）

卷次	卷頭辭	詩選	想華	論壇	說苑
4-4	編輯室	林述三選	詩話（怪星） 燈謎（傳燈錄） （唐山客）		寓言（怪星） 什麼是人十二條（苓草） 玉壺冰（七）（唐山客） 佛家笑得好（唐山客）
4-5	怪星	林述三選	詩話（怪星） 燈謎（初學三字經）（唐山客）		諧謔偷桃（怪星） 玉壺冰（八）（唐山客） 佛家笑得好（唐山客）
4-6	苓草	林述三選	詩話（怪星） 燈謎（初學三字經）（唐山客）	〈歸依佛〉（苓草）	玉壺冰（九）（唐山客） 佛家笑得好 2 則（唐山客）
5-1	迎新年詞	林述三選	詩話（怪星） 燈謎（初學三字經）（唐山客）	〈芻言〉（林述三）	廣寒宮戲齣（林述三） 諧談（怪星） 玉壺冰（十）（唐山客） 佛家笑得好（唐山客）
5-2	林述三	林述三選			
5-3	林述三	林述三選	詩話（怪星）		諷議錄救濟競爭（林述三）玉壺冰（十一）（唐山客）
5-4	林述三	林述三選	詩話（怪星）		玉壺冰（完）（唐山客）
5-5	尤參苓草	林述三選	詩話（怪星）	〈淫論〉（苓草）	竝蒂蓮（唐山客）
5-6	唐山客	林述三選	詩話（怪星）	〈鱸鰻之勸化〉（林述三）	竝蒂蓮（二）（唐山客）
6-1	林述三	林述三選	詩話（怪星）		年說（尤參） 新歲芻言（怪星） 新龍女影片（怪星） 竝蒂蓮（三）（唐山客）
6-2	唐山客	林述三選	詩話（怪星）		新龍女影片（二）（怪星） 竝蒂蓮（四）（唐山客） 新人生觀演藝——寡婦之難　第一幕（苓草）
6-3	尤參	林述三選		〈射覆集〉（唐山客）	新龍女影片（三）（怪星） 竝蒂蓮（五）（唐山客）

卷次	卷頭辭	詩選	想華	論壇	說苑
6-4	苓草	林述三選		〈射覆集〉（唐山客）	新龍女影片（四）（怪星） 竝蒂蓮（六）（唐山客）
6-5	正法眼藏八大人覺	林述三選		〈射覆集〉（唐山客）	新龍女影片（五）（怪星） 竝蒂蓮（七）（唐山客） 新人生觀演藝——寡婦之難　第二幕（苓草）
6-6	奉祝御大典	林述三選			
7-1	苓草	林述三選		〈心鏡篇〉（怪星） 〈射覆集〉（唐山客）	新龍女影片（六）（怪星） 竝蒂蓮（完）（唐山客） 新人生觀演藝——寡婦之難　第三幕（苓草）
7-2	怪星	林述三選			香火緣（一）（尢參） 新人生觀演藝——寡婦之難　第四幕（苓草）
7-3	苓草	林述三選			風水破迷小說有序（怪星） 香火緣（完）（尢參） 新人生觀演藝——寡婦之難　第五幕（苓草）
7-4	增田福太郎	林述三選			新人生觀演藝——寡婦之難　第六幕（苓草）

資料來源：《南瀛佛教》第一卷第一號—第七卷第四號（台北：南瀛佛教會。1923.7～1929.8）。

說明：（1）卷次 1-1 表示「第 1 卷第 1 號」。

（2）怪星、唐山客、苓草、尢參、尢參苓草皆是林述三別號。

（3）〈論壇〉欄僅列出林述三所撰文章篇名，若「其他人所撰文章」林氏有評點，則不註明篇名，僅記錄「述三評述」。

1. 江木生

主要於第一卷第一號（大正十二年七月）至第七卷第四號（昭和四年七月）擔任編輯工作。此外在各任編輯交接的空窗期，亦由江氏接下編輯重任，因此後續第十卷第八號（昭和七年十月）、第十八卷第三號（昭和十五年三月）、第十八卷第四號（昭和十五年四月）亦由其編輯。江氏自言當時因南瀛佛教會事務所設在總督府內務局社寺課，《南瀛佛教》自然就由社會課編輯，而江氏任職於社寺課，公務之便，即使沒有編輯相關經驗，還是擔任起此刊的編輯任務。

江氏精通日語，《南瀛佛教》第十卷第八號卷頭辭即是江氏以日文撰寫，在第十一卷第五號上亦翻譯日人增谷文雄〈釋尊降誕二千五百年代調查報告〉一文供未諳日文之讀者參閱。〔註72〕此外，江氏的日文能力也從其足以勝任通譯可一窺一二。1925 年 11 月在東京芝園增上寺召開的「第一屆東亞佛教大會」，台灣代表為沈本圓、許林等佛教界名人，而當時擔任通譯隨行者即江木生。〔註73〕身為總督府雇員的江木生，歷任內務局社寺課、內務局文教課、文教局社會課、文教局臺灣神社臨時造營事務局，在長年任職宗教事務相關單位的浸淫下，江氏亦撰有數篇宗教相關文章刊登於《南瀛佛教》。

2. 林述三

　　林述三，名纘，「述三」為字，以字行，號怪癡，又號怪星、苓草、唐山客、蓬萊一逸夫、蓬瀛、蓬瀛一逸、尤參。〔註74〕生於清光緒十三年（1887），卒於民國四十五年（1956），祖籍福建同安。父文德公為清宿儒，出身書香門第。自幼浸淫於漢學，幼年受教於玉屏書院，後從父學。博覽群書，潛心研讀經史子集，年十八即代父訓童蒙，二十六歲時繼承父業，易國文研究塾為礪心齋書房，設塾授徒終其生。執教期間據聞頗受日人制壓關注。〔註75〕林氏漢學學養深，善作詩，生平致力提倡詩學，不遺餘力，所作詩詞不下數千首，「人稱稻江詩界之通天教主」。〔註76〕此外亦精音韻、善製燈謎，為有名

〔註72〕《南瀛佛教》第 11 卷第 5 號（1933 年 5 月），頁 32～36。
〔註73〕〈雜報　東亞佛教大會臺灣代表歸臺〉，《南瀛佛教》第 4 卷第 1 號（1926 年 1 月），頁 34。
〔註74〕關於林述三別號，王國璠纂修之《臺北市志卷九人物志》列出怪星、唐山客、蓬瀛一逸，潘玉蘭《天籟吟社研究》增列「怪癡」，並由林氏詩文推測「苓草」亦為林氏別號之一。顧敏耀、薛建蓉、許惠玟合著之《一線斯文：臺灣日治時期古典文學》再增「蓬瀛」、「蓬萊一逸夫」。見王國璠纂修，《臺北市志卷九人物志》，收錄於臺一版《臺北市志》第十一冊，（台北：成文出版，1983），頁 98；潘玉蘭，《天籟吟社研究》，（台北：萬卷樓，2010），頁 180～185；顧敏耀，薛建蓉，許惠玟，《一線斯文：臺灣日治時期古典文學》，（台南：台灣文學館，2012），頁 115。而由《南瀛佛教》卷頭辭撰寫者之署名則可推知「尤參」亦為林氏之別號，例如第四卷第二號，卷頭辭撰者署名「林述三」，但在文末以括弧標註「尤參」，第四卷第三號，卷頭辭署名「述三」，文末括弧中亦標註「尤參」，另有部分文章是以「尤參苓草」署名，因此可推知「尤參」亦為林氏別號。
〔註75〕潘玉蘭，《天籟吟社研究》，（台北：萬卷樓，2010），頁 180。
〔註76〕見陳世慶〈星社〉，《臺北文物》四卷四期，1956 年 2 月，頁 115。轉引自潘玉蘭，《天籟吟社研究》，頁 181。

謎家，常受託撰寫謎稿，《南瀛佛教》中亦有多期刊有林氏以「唐山客」之名編撰的燈謎作品。此外林氏亦創作小說，除了在《南瀛佛教》刊載多篇小說，如〈色即是空〉、〈玉壺冰〉、〈竝蒂蓮〉等，在《臺灣詩報》上亦創作有〈五百元手指〉（手指即戒指）、於《風月》連載通俗小說〈花俠〉，〔註77〕可謂多才多藝。結社方面，參與創立「研社」（後改名為「星社」），《臺灣詩報》即由星社創刊；集門人創「天籟吟社」，後天籟吟社社友創「藻香文藝社」，發行《藻香文藝》雜誌，由林氏任主稿。此外林氏亦任《風月報》副主筆、「台灣詩壇」顧問。〔註78〕由於林氏精於詩，瀛社、淡北吟社、登瀛吟社、興亞吟社、螺溪吟社、竹橋吟社、高山文社等各地詩社於詩社例會或徵詩課題，常聘請其擔任詞宗，〔註79〕足見林氏於詩壇的活躍。在其參與《南瀛佛教》編輯工作期間，〈詩選〉欄皆由其評選，脫離後也偶有詩作發表於上。林氏一生詩作豐富，但散見於報刊雜誌，因此在林氏歿後由故舊發起，收羅其作品集成《礪心齋詩集》。此外尚有由門人秘存之《礪心齋詩話》、小說《玉壺冰》等。〔註80〕

在林氏現存紀錄中可看到，林氏「精易經，好禪坐」，〔註81〕設礪心齋書房授徒「課餘則摒除俗務，縱覽諸經註疏，子史百家，歷代名家文集，及稗官野乘，至於佛書道藏，熒熒一燈，深夜不息。」〔註82〕出身儒學世家的林氏，不僅好禪坐、喜讀佛書，對於易經等道家經典亦有深研，反映出傳統知識分子佛儒道三教兼修的特質。

由林氏在《南瀛佛教》的參與狀況推估，其擔任《南瀛佛教》編輯應是自第一卷第二號（大正十二年九月）至第七卷第四號（昭和四年七月）期間。而自第七卷第五號起編輯事務移轉至臺中佛教會營辦後，即使約一年後編輯事務再次移回總督府文教局社會課，林氏亦僅零星有詩作刊登於漢詩欄，原先連載的〈新人生觀演藝——寡婦之難〉亦腰斬未續登，顯見林氏第七卷第五號起，正式脫離《南瀛佛教》編輯工作。

〔註77〕潘玉蘭，《天籟吟社研究》，頁181～182。

〔註78〕顧敏耀，薛建蓉，許惠玟，《一線斯文：臺灣日治時期古典文學》，頁115。

〔註79〕潘玉蘭，《天籟吟社研究》，頁182。

〔註80〕〈礪心齋詩集序〉，《礪心齋詩集》，（台北：龍文出版，2001）（臺灣先賢詩文集彙刊，第三輯；12）；潘玉蘭，《天籟吟社研究》，頁183。

〔註81〕潘玉蘭，《天籟吟社研究》，頁182。

〔註82〕參見曾迺碩總纂《臺北市志卷九人物誌》，（台北：臺北市文獻委員會，1991），頁246～247，轉引自潘玉蘭，《天籟吟社研究》，頁180～181。

3. 林德林

俗名林茂成，法號德林，別號二樹庵、正信生，是首屆台灣佛教中學林畢業生。創立台中佛教會館，積極入世，以「台灣的馬丁路德」自任，推動新佛教事業，提倡神佛分離的正信精神。透過發行《中道》雜誌、開設日曜學校、舉辦佛教演講，活躍於台灣中部地區。林氏醉心於日本佛教，認為舊有佛教「非人道」，〔註83〕提倡日式佛教僧侶可結婚的理念。同時身體力行，是台籍僧侶中少數娶妻生子的出家人，但也受到當時各界的嚴厲抨擊。〔註84〕昭和二年（1927）影響當時整個台灣佛教界的「中教事件」即以林氏為中心爆發。〔註85〕

林氏為日本禪學大師忽滑谷快天佛教思想的忠實追隨者，在其譯介忽滑谷氏的新佛教理論著作《正信問答》的〈漢譯序〉中提到：「余自青年入道以來，雲水多年，彼此參訪，一無所得。……其為見佛之心眼未開，亦或悟道之機緣未熟，斯時滿腔迷惑，何異樹下降魔，要求真理之饑渴，幾達絕頂。幸讀『正信問答』始獲安心之要旨。……於是二十年來，或口頭、或文字，以種種方法宣布之。」〔註86〕足見忽滑谷氏對其佛教理念的影響。

林德林氏擔任《南瀛佛教》編輯的其間為第七卷第五號（昭和四年十月）至第八卷第十號（昭和五年十一月）。

4. 李添春

法號普現，高雄州人。大正九年（1920）由曹洞宗台灣佛學中學林畢業後，同年轉入日本多多良中學，畢業後考進「曹洞宗大學林」預科就讀兩年。1925 年入駒澤大學「大學部佛教學科」就讀，師事忽滑谷快天。

忽滑谷快天為日本曹洞宗著名僧侶，在禪宗思想方面卓然成家，被稱為「忽滑谷禪學」或「忽滑谷派」。在宗教理念上，忽滑谷氏主張「信一佛不信餘佛」的「正信佛教」，主張僧侶可食肉帶妻。其人的風骨與對學生的付出，

〔註83〕闞正宗，《臺灣日治時期佛教發展與皇民化運動～「皇國佛教」的歷史進程（一八九五～一九四五）》，（新北市：博揚文化，2011），頁 224。

〔註84〕闞正宗，《臺灣佛教一百年》，（台北：東大圖書公司，1999），頁 14。

〔註85〕關於「中教事件」的研究，可參見翁聖峰，〈《鳴鼓集》反佛教破戒詩歌的意識與內涵〉，《臺灣古典文學研究集刊》第 2 號，頁 309~334，2009 年 12 月。江燦騰，《日據時期臺灣佛教文化發展史》，（台北：南天書局，2001），頁 367～487。

〔註86〕轉引自江燦騰，《日據時期臺灣佛教文化發展史》，（台北：南天書局，2001），頁 388。

深受學生尊敬愛戴，〔註87〕昭和二年（1927）駒澤大學台灣學生會成立時，就是推載忽滑谷氏任會長，足見其人在這群台灣留學生中的影響力。大正末期至昭和初期就讀於駒澤大學的台灣留學生，皆深受忽滑谷快天思想的影響，如後來擔任《南瀛佛教》編輯的李添春、高執德、曾景來等人，返台後皆主張僧侶可「食肉帶妻」、呼籲回歸「信一佛」的純粹佛教信仰，皆來自忽滑谷快天的影響。〔註88〕

李添春返臺後曾任文教局社會課囑託，同時也是南瀛佛教會教師。之後受邀擔任臺北帝國大學理農學部助手、高雄州內務部勸業課雇員。曾協助增田福太郎進行宗教調查工作，在台灣在家佛教（齋教）的研究上頗有一番成就。

李氏擔任《南瀛佛教》編輯的其間約一年四個月，自第九卷第一號（昭和六年一月）至第十卷第二號（昭和七年四月）。

5. 高執德

法號證光，彰化永靖人。曾就讀永靖公學校、新書房，畢業後於公學校任職。1926 年辭去公職赴日本駒澤大學求學，入「佛教科專門部」就讀。1930年回台，擔任台灣總督府囑託，兼南瀛佛教會教師。昭和十九年（1944）任台南開元寺住持，1948 年於開元寺創辦延平佛學院。〔註89〕

高氏自第十卷第四號（昭和七年五月）至第十卷第七號（昭和七年八月），僅四個月期間任《南瀛佛教》編輯，因被迎任為故鄉員林永靖庄產業組合專務理事而離開社寺課。

6. 曾景來

法號普信，高雄州人，與李添春為表兄弟。與李氏相同，求學歷程由台灣佛學中學林、日本多多良中學、「曹洞宗大學林」預科，到 1925 年入日本駒澤大學大學部佛教學科就讀，與李添春為同期同學。

曾景來是駒澤大學眾佛教菁英中最熱心投稿《南瀛佛教》者，大正十五年第四卷第三號首見駒澤大學留學生投稿，即為曾氏的文章〈佛教捷徑

〔註87〕 詳細的討論請參閱大野育子，〈日治時期佛教菁英的崛起——以曹洞宗駒澤大學台灣留學生為中心〉，（台北：淡江大學歷史學系碩士班，2009），頁101～106。

〔註88〕 大野育子，〈日治時期佛教菁英的崛起——以曹洞宗駒澤大學台灣留學生為中心〉，頁106。

〔註89〕 闞正宗，《臺灣佛教一百年》，頁95。

（一）〉。次號開始增設日文欄，曾氏亦率先投稿以日文寫就的〈所謂佛陀教〉一文。統計其在《南瀛佛教》所發表的文章，共計 101 篇，居眾駒澤大學派佛教菁英之冠。〔註90〕

　　昭和七年（1932）起，曾氏擔任總督府文教課社會局囑託一職。期間配合總督府「打破迷信、改善陋習」的政策，進行了台灣民間信仰的調查，於昭和十三年（1938）完成《臺灣宗教と迷信陋習》一書。書中提到「陋習大部分與傳統信仰有濃厚關係，對風教政治或其他各方面帶來弊端」，「如果教化指導者不了解民眾心情、信仰，卻處理此問題的話，會勞而無功。」〔註91〕顯示了曾氏對此問題的看法，與撰寫此書的目的。曾氏同時也是南瀛佛教會教師。其擔任《南瀛佛教》編輯共七年五個月，由第十卷第九號（昭和七年十二月）至第十八卷第二號（昭和十五年二月），辭任後轉至海南島的雜誌社任職。

7. 田村智友

　　田村智友為《南瀛佛教》歷任編輯中唯一非台灣人者。江木生〈臺灣佛教二十年〉一文中對田村智友的介紹如下：。

> 田村氏眾所周知是東大印哲系出身的宗教家，曾是臺南商業學
> 院、臺北中學的教師。在其學識與妙筆中，本刊將來的發展可期，
> 在職三年後，與父親前淨土宗別院主田村智學一起回內地（日
> 本）。〔註92〕

　　田村氏自第十八卷第五號（昭和十五年五月）至第二十一卷第三號（昭和十八年三月），擔任《南瀛佛教》編輯工作。

8. 竹中英貴

　　原名黃英貴，新竹州中壢郡人。大正十五年（1926）畢業於中壢高等小學校，同年入中壢書院學習漢文，並至大湖郡法雲禪寺「法學研究社」研究佛學。昭和五年（1930）入駒澤大學國語漢文科專門部就讀，返台後擔任中

〔註90〕篇數統計見大野育子，〈日治時期佛教菁英的崛起──以曹洞宗駒澤大學台灣留學生為中心〉，頁 119，表 4〜3。

〔註91〕曾景來，《臺灣宗教と迷信陋習》，（台北：台灣宗教研究會，1938），頁 1〜2。轉引自大野育子，〈日治時期佛教菁英的崛起──以曹洞宗駒澤大學台灣留學生為中心〉，頁 136。

〔註92〕江木生，〈臺灣佛教二十年〉，《臺灣佛教》第 21 卷第 12 號（1943 年 12 月），頁 36。

壢郡郡役所職員。〔註93〕昭和十六年（1941）轉任教育局社會課囑託，稍後並負責主編《南瀛佛教》。新竹州中壢郡是昭和十三年（1938）寺廟整理運動時，最雷厲風行、貫徹得最積極的地區，當時作爲郡役所職員的竹中英貴亦積極參與該運動。〔註94〕江木生在〈臺灣佛教二十年〉一文中對竹中英貴的介紹：「任職中壢郡公所，以同郡下寺廟整理敏銳手腕的青年，作爲田村氏的後任，是有實力的活動家。」〔註95〕根據紀錄，昭和十三年十一月中壢郡召開「寺廟整理懇談會」，郡守宮崎氏於會議中說明中壢郡的寺廟整理方針，當時身爲職員的竹中氏當然也需參與會議。會後竹中氏向郡守宮崎表示：「作爲一個台灣人，此份工作其實很難做，但今天聽了郡守先生的演講，有了跟郡守先生完成這份工作的覺悟。」獲得郡守的慰勉。〔註96〕對於台灣傳統寺廟信仰所持觀點，竹中氏認爲，寺廟信仰只是老一輩的信仰而已，其內容也僅是對靈魂的恐懼，以及有所求的祭拜，年輕一輩、知識份子和生活於都市的民眾並無寺廟信仰，僅將其作爲娛樂（如歌仔戲）或葬儀上的神罷了。〔註97〕昭和十八年（1943）因應皇民奉公運動，中壢郡舉辦的「本島人僧侶齋友及道士之鍊成會」，竹中氏即任講師陣容之一。〔註98〕而其接手《南瀛佛教》編輯工作後所撰寫的卷頭辭，皆大力呼籲宗教報國、皇民奉公，顯見其人對於總督府的政策極爲服膺、對皇民化的推動不遺餘力。

竹中氏自第二十一卷第六號（昭和十八年六月）至最終號第二十一卷第十二號（昭和十八年十二月）擔任《南瀛佛教》編輯工作。

《南瀛佛教》近二十一年的刊行期間，歷經八位編輯的主持。第一卷第二號至第七卷第四號約六年的期間，雖掛名江木生編輯，但觀察其內容，我們可以合理推定，眞正操刀應是傳統文人林述三。因此此時期《南瀛佛教》

〔註93〕 大野育子，〈日治時期佛教菁英的崛起——以曹洞宗駒澤大學台灣留學生爲中心〉，頁137。
〔註94〕 在郡役所任職時黃英貴尚未改日本姓，但爲求統一，下文皆以竹中氏稱之。
〔註95〕 江木生，〈臺灣佛教二十年〉，《臺灣佛教》第21卷第12號（1943年12月），頁36。
〔註96〕 對話原載宮崎直勝《寺廟神の升天》，轉引自大野育子，〈日治時期佛教菁英的崛起——以曹洞宗駒澤大學台灣留學生爲中心〉，頁139。
〔註97〕 大野育子，〈日治時期佛教菁英的崛起——以曹洞宗駒澤大學台灣留學生爲中心〉，頁140。
〔註98〕 〈本島人僧侶齋友及道士之鍊成會〉，《臺灣佛教》第21卷第11號（1943年11月），頁24～25。

的思想主軸傾向於台灣傳統宗教的「儒釋道三家歸一」，不僅於卷頭辭上廣為
呼籲，〈論壇〉徵文，刊出的文章也多認同此觀點。例如第三卷第二號靈泉寺
釋普明〈釋儒合轍〉〔註99〕、第三卷第四號宜蘭子經〈佛教為裨益國家社會
說〉〔註100〕等。

　　第七卷第五號以後，歷經林德林、李添春、高執德、曾景來、田村智友、
竹中英貴等多位編輯，其中林德林為深具改革思想、素有「新僧」之稱的改
派僧侶，而李、高、曾、竹中等氏皆為曹洞宗駒澤大學畢業的佛教菁英。這
批掌握《南瀛佛教》出版期間編輯權逾半的佛教菁英，在接觸了日本「組織
化、系統化、學術化」的佛教型態後，深受日本佛教觀念的薰陶。返台後對
於台灣佛教人士只在意食齋、戒慾等表面形式、傳統宗教充滿迷信等問題皆
大加抨擊，也反對傳統佛教佛儒道不分的現象，他們認為這樣的信仰是屬於
「多神信仰」，是較為落後的。〔註101〕因此《南瀛佛教》的思想主軸又一變，
主張佛教的改革，大力進行「正信」、「反迷信」、「僧侶可食肉帶妻」等觀念
的呼籲與推廣。此外，在這批留學日本、接受新式教育出身的佛教菁英主掌
《南瀛佛教》後，也可觀察到，「忠君愛國」等政治思想也更頻繁地出現在刊
物中，《南瀛佛教》漸漸偏離了原先「其內容定為一般論說佛教研究，及詩文
雜報」〔註102〕的初衷了。

〔註99〕釋普明〈釋儒合轍〉，《南瀛佛教》第 3 卷第 2 號（1925 年 3 月），頁 31。

〔註100〕子經，《南瀛佛教》第 3 卷第 4 號（1925 年 7 月），頁 7～9。

〔註101〕大野育子，〈日治時期佛教菁英的崛起──以曹洞宗駒澤大學台灣留學生為中
　　　　心〉，頁 155。

〔註102〕不著撰者，〈南瀛佛教會之沿革〉，《南瀛佛教會報》第 1 卷第 1 號（1923 年 7
　　　　月），頁 27。

第三章　《南瀛佛教》故事體作品分期與分析

　　刊行二十年又五個月的《南瀛佛教》，觀察其中所刊載的故事體作品，可以發現在刊登型態上以及主題上，恰可明確的劃分為前、中、後三個時期。考其成因，編輯者正是箇中關鍵。《南瀛佛教》編輯者在這二十多年中屢經更迭，其中三任執掌編輯工作較久的編輯：林述三、曾景來、田村智友，對《南瀛佛教》故事體作品的選刊有著明顯不同的取向，也因此建構出各自不同的面貌。林述三深具漢學素養，在他主辦《南瀛佛教》編輯事務的期間，《南瀛佛教》故事體作品即以漢文小說連載為主。曾景來畢業於日本曹洞宗所經營的駒澤大學，此一新式佛教菁英的身分，又為《南瀛佛教》的故事體刊登帶來新的面貌，在此期間引介了大量的短篇故事。田村智友身為《南瀛佛教》發行期間唯一一個日人編輯，在他任職其間（昭和十五年五月至昭和十八年三月），《南瀛佛教》故事體作品的刊登則呈現銳減的狀況。本節據此將《南瀛佛教》故事體作品的刊登分為前期：漢文小說連載，大正十二年（1923）七月至昭和四年（1929）八月、中期：短篇故事集，昭和四年（1929）九月至昭和十五年（1940）四月、後期：輔翼戰事的作品，昭和十五年（1940）五月至昭和十八年（1943）十二月，三個時期進行分析討論，以呈現各時期故事體作品的特色以及其中所蘊含的思想，以期更進一步認識這部刊物。

第一節　前期的漢文小說連載

　　由於《南瀛佛教》的性質是定位在「一般論說佛教研究，及詩文雜報」，

並作爲會員間溝通交流的媒介，因此在創刊之初，即有規劃有「法幢」、「論壇」、「說苑」、「想華」、「會報」、「雜報」等欄位。其中「法幢」刊載教理研究、經文解說等文章；「論壇」則放置如「佛教與社會」之類的宗教相關論說文章；「想華」分「文抄」與「詩話」，是供會員、讀者發表詩文的園地；「會報」是相關會務報告，如會費收取狀況等；「雜報」則用以披露宗教相關新聞、教界動態、南瀛佛教會成員（如會長、理事、教師）的近況、講習會舉辦等等資訊。「說苑」則刊登故事類作品。

根據黃美娥的研究，報刊上「說苑」一欄之設，該名稱應源自西漢劉向《說苑》一書。西漢時，劉向爲向君王說理，而寓義理於故事、寓言中，後世考其書之內容體裁，而將《說苑》納入「小說」範疇，〔註1〕因此「說苑」欄與小說可說關係匪淺。〔註2〕

《南瀛佛教》的說苑欄由第一卷第一號起即爲固定欄位，持續到第七卷第四號爲止。第七卷第五號編輯事務移轉至台中佛教會館營辦後，「說苑」僅在第八卷第二號、第三號有出現。由第八卷第四號起，刊物的編排模式改變，除「雜報」、「會報」外皆不再特別分設欄位，「說苑」欄也因而取消，〔註3〕原本幾乎每期固定刊登的故事體作品，也變成非固定刊登的項目了。

在設有說苑欄期間，《南瀛佛教》僅第五卷第二號因爲「釋尊降誕號」而未刊載故事體作品，其餘三十三期皆有故事體作品之刊載。根據筆者統計，單篇完結的故事作品分布於十三期，計十九篇；〔註4〕連載型態的作品共八

〔註1〕此處「小說」是指中國文體的一種，粗略可分筆記體與傳奇體。筆記小說泛指一切用文言寫的志怪、雜錄、瑣聞、傳記、隨筆等作品，內容廣泛駁雜。

〔註2〕黃美娥，〈文體與國體：日本文學在日治時期臺灣漢語文言小說中的跨界行旅、文化翻譯與書寫錯置〉，《漢學研究》第28卷第2期（2010年6月）。

〔註3〕由第八卷第四號開始，基本上《南瀛佛教》除雜報、會報外，皆不再區分欄位，但因編輯者不同，區分欄位的編輯方式仍偶有出現，例如第十卷第一號至第七號期間有分欄位（大約是高執德擔任編輯期間），第十一卷第十一號這一期也突然有區分欄位，並出現「說苑」欄，曇花一現後，此後則除「雜報」、「會報」外，一律不區分欄位的模式，直到停刊。「雜報」、「會報」有時也會合併標示爲「會報雜報」，或僅留下「雜報」一欄。

〔註4〕單篇完結有：第一卷第一號到第二卷第一號這三期，刊登源自「百喻經」的五篇故事、第二卷第一號蔡敦輝〈地理說〉、第二卷第二號蔡敦輝〈尋安樂〉、第二卷第四號釋慶妙〈色聲了悟〉、第四卷第一號賀虎年的兩篇應景故事〈虎戲〉、〈虎姑婆（原來是爾的粗耳粗心了）〉、將戲曲唱段轉錄爲文字的第四卷第五號〈諧齣偷桃〉、第五卷第一號〈廣寒宮戲齣〉、〈諧談〉、開元寺慈音所撰〈談笑禪〉、第五卷第三號〈諷議錄救濟競爭〉、第六卷第六號〈漁樵問答

部，分布於二十九期，總計五十八回（見【表3-1-1】），因此可說《南瀛佛教》初期刊載的故事體作品是以「連載作品」為主要特色。

【表3-1-1】《南瀛佛教》以連載形式刊登之故事體作品列表

篇名	回數	刊載卷號	作者
色即是空	6	2-2～3-2	怪星
一念之差	7	3-3～4-3	怪星
佛家笑得好	11	3-3～3-5、4-2～4-6、5-1	唐山客
玉壺冰	12	3-4～5-4	唐山客
竝蒂蓮	8	5-5～7-1	唐山客
新龍女影片	6	6-1～7-1	怪星
新人生觀演齣 ——寡婦之難	6	6-2、6-5、7-1～7-4	苓草
香火緣	2	7-2～7-3	尣參

資料來源：《南瀛佛教》第一卷第一號～第七卷第四號（台北：南瀛佛教會。1923.7～1929.8）。

說明：卷次2-2表示「第2卷第2號」。

一、小說內容大要

　　【表3-1-1】為《南瀛佛教》中，以連載形式刊登之故事體作品列表。怪星、唐山客、尣參、苓草皆是林述三的別號，亦即這些作品全是由當時參與編輯工作的林氏所創作。〔註5〕篇幅短則兩回，長至十二回完結。〔註6〕最先

　　——講天說皇帝）、第七卷第二號曾景來〈毘多王歸佛因緣談〉、第七卷第三號〈風水破迷小說有序〉、耕雲譯述的劇本〈阿闍世王戲曲〉（上列未標明作者的，即為林述三作品）。

〔註5〕有部分作品非林氏原創，如〈新龍女影片〉是林氏將所看過的影片以文字重述而成的作品。林氏此文寫作之語氣，就如同在聚會中與三五好友分享自己看過的精彩影片般，自然而不特別修飾，如敘述船難橋段時，即寫：「影片中映出那般慘目的形狀。噫船破了。阿猛顧不得公子了。阿猛身上纓了一大圈子，隨波逐浪去了。」（〈新龍女影片（二）〉，第六卷第二號，頁71）；寫幕與幕間的跳轉，如金苹芝在龍宮中的境遇描述結束，場景帶回金公子家，即寫道：「那影中又映出金公子的一家人來，見的金公子的靈位立在堂偏，母姐悄然悲悼坐在那兩旁。」（〈新龍女影片（四）〉，第六卷第四號，頁54）。

〔註6〕《南瀛佛教》以連載形式刊登之故事體作品共計有八部，其中〈佛家笑得好〉

刊載的是由第二卷第二號開始的〈色即是空〉。

〈色即是空〉故事描述帶有前生記憶出生的伍鈺，秉性善良孝順。及長，遇一僧人。僧人帶伍鈺遊仙境、說禪理，原本即深具慧根的伍鈺，於是起修行之念，然而僧人告知以塵緣未了，時機未到。之後，伍鈺一方面誠心修行，一方面不忘克盡孝道。雖與該僧人之女弟子妙空兒有宿緣，但兩人終能以堅強的修行意念，克制根源於天性的男女之情，最終修成正果。事親至孝的伍生，亦引領父母投入修行，最後父母皆得道飛昇，甚至餘蔭伍家後人。

呼應篇名「色即是空」，故事開始，便安排伍鈺與妙空兒相遇。伍鈺一見容貌娟媚的妙空兒即竊於心中慕之，更因兩人一笑之緣，使涵虛府的仙人洞庭君，屢次為兩人穿針引線，意圖促使兩人能圓滿宿緣。但兩人感知修行之難得，於是盡力排拒色身塵緣的羈絆，於禪行更加精進：

> 妙空兒見生，赬顏曰：一別又是多年，洞庭君囑令除水怪，孰知又
> 相逢。願勿中他老人家圈套。〔註7〕

> 將別，生為邀見母。妙空兒恐生纏縛，遂謝生去。〔註8〕

故事最後，伍生在被妖怪擄走而後獲救返家，竟發現人間已滄海桑田，於是頓悟「色即是空」，「逾精進，厥後六通具足」。而其家人「弟為承家事，後與父母同日飛昇。今其里另名仙佛里。其後伍家之老年者，常聞有坐化之事，蓋真理或疑多傳自祖上云」，以大圓滿之安排為故事作結。

〈色即是空〉連載完結後，緊接著登場的是〈一念之差〉。〈一念之差〉寫擔任商船「福利號」廚師的泉州人陳桶，某次出海遇風，導致船體損傷待援。當時有一黃金觀世音菩薩像漂流至福利號，被船上眾人拾起，引起爭奪，於是出海（即船長）提議用斧將觀音像切成八塊，眾人平分。此時唯有陳桶出言反對，認為應禮敬佛像，卻反遭眾人嘲弄斥責。眾人最終仍將觀音像支解平分。不久，海上突然出現一巨龜，眾人因觀音像之事已對陳桶不滿，因而逼迫陳桶登上龜背離船。陳桶離船後海上狂風又作，船遂翻覆，巨龜則載著陳桶到達一神祕的地方。上岸後陳桶欲覓食，卻意外看見二十年前已亡故的妻子周氏，始

是每回刊登一至二則以寺院為場景，老和尚與小沙彌間的互動引發的笑料小故事，每回所敘情節是片段性的，篇與篇之間並無劇情上的連續。本節欲討論的「以連載形式刊登之故事體作品」限定在篇與篇之間劇情連貫的連續文本，因此〈佛家笑得好〉將不列入後續的討論。

〔註7〕怪星，〈色即是空〉第五回，《南瀛佛教》第2卷第6號，頁19。

〔註8〕怪星，〈色即是空〉第五回，《南瀛佛教》第2卷第6號，頁20。

知巨龜載自己來到的地方竟是黃泉之境。兩人互相傾訴別後的境遇，原來周氏已他適，現良人為冥府判官。判官返家後得知原委，並無不豫，反待陳桶十分親和。隔日判官領陳桶參觀冥府，意外發現受審訊的正是福利船上眾人。船上眾人因不敬神佛，且迫害善人陳桶，因而翻船溺亡後被鬼卒折磨，最後判刑落入地獄。判官語陳桶曰：「一念之差百身莫贖，幽明雖異，天道不言自有循環之理，豈可忽乎哉。」〔註9〕數日後判官備舟送陳桶返回陽世，臨行叮囑陳桶勉力積累善果陰功，為來世積福。陳桶返回人世後，除了為前妻周氏達成遺願，更將福利船上眾人之遭遇轉告其遺屬，令眾人得到拔渡，解脫往生。陳桶則因心善行善，平順至老，最後故事以「不知所終」結。

〈玉壺冰〉寫姻緣天定，善人有善報。故事主體圍繞在冷生一家父慈子孝。向有賢孝之名的冷生，性狷介而好交遊，盟訂於豪傑海天秋之妹海氏，然因賊亂，成婚之事一波三折，屢次延宕。冷生事親至孝，雖知父母殷殷盼望其能早日娶妻生子，延續香火，但在聽聞海氏遭難的傳聞後，仍請求父母讓他為海氏守一年心喪，重情重義。最後得知海氏遭難的傳聞為偽，在眾豪俠友的協助下，終於突破大環境的阻撓，與海氏團圓，偕成良緣。故事旁及冷生的豪俠友董生、于明等，於清室敗亡後或投身革命、或義助抗賊貢獻於民的敘述，以及江湖俠士運用高超武藝退賊伏虎的刺激場景，精彩流暢。故事最後，以一僧來見冷生與海氏之子，言其為石麒麟再世，將有一番大作為，眾人始悟該僧為當年預言冷生姻緣「良緣有前定，冷如玉壺冰，明若秋天鏡」的鼓南異僧。「秋天鏡」即指「月」，冷生與海氏——海月娘的姻緣果由天定，莫不誠心讚嘆。

〈竝蒂蓮〉寫黃州陽秋，本名蓮生，因母於生下陽秋前，夢見神佛執紅白蓮花各一，予其母白蓮，留其紅，笑而去，因而命名。父為明朝臣，滿清入關時為國殉難。陽生一方面孝養其母，一方面希望承父親遺志，為匡復明室盡力。後在一能識天機、展神通的異僧牽引下，遇見其父舊屬之女紅葉。紅葉武藝高超，於父殉難後率眾婢避走他方，因緣際會之下收服一群匪寇，據磐石嶺為一方勢力。在異僧的牽引之下，陽生與紅葉結為夫婦，共同抵抗清廷。磐石嶺眾人兵力雄厚，不僅能與清廷分庭抗禮，更開科考，儼然自成一國，順治帝親征亦無法奈之何。而順治於親征磐石嶺期間，強虜民婦錢氏。錢氏之夫因而遭難，而錢氏為護腹中胎兒，只好委身於順治。日後錢氏子繼位，號康熙。康熙登極後，異僧告之磐石嶺眾人「天命有在，漢族重興，可

〔註 9〕怪星，〈一念之差〉（三），《南瀛佛教》第 3 卷第 5 號，頁 19。

息民休戰矣」。因康熙爲漢人血脈，並力圖重振漢族勢力，磐石嶺眾人遂與清交好。陽生與紅蕖治理磐石嶺一帶，恩澤廣披，被民間奉爲「天國文王」。讓位於子後，陽生與紅蕖退隱白鶴山，多年後雙雙化爲白鶴而去，而鄉中有見異僧手持芙蕖兩朵，飄飄然往白鶴山去。

〈竝蒂蓮〉主角陽秋，雖早年遭遇父親殉難之痛、成長後幾度欲投鄭成功等匡復明室勢力，皆失之交臂之憾恨、後以義故，不願爲清臣民，奉母先後居琉球、朝鮮，嚐盡離鄉背井之苦，但陽生始終秉持忠義賢孝的品德。後在一位具有神通力的僧人襄助下，與父親舊部之女紅蕖結爲連理。陽生之母曾於誕下陽生前，夢見神佛手持紅白蓮花兩枝，將白蓮予陽生母，留紅蓮於手，一笑而去。「蕖」即「蓮花」，「紅蕖」之名正昭示著此女必是陽生命定之人。此後陽生與紅蕖經營一方抗清勢力，澤披陽春，近悅遠來，被尊爲天國文王。最後與妻紅蕖遜位修行，登仙而去。林氏想藉由故事闡述的道理，正是人生不論順逆，皆有命定。現在所遇到的一切因緣，皆是過去之因；今日之因，皆是未來之果，所以應該要以一顆順應萬緣、隨緣不變的心，放下執著。同時應居仁由義，善修持，以得善果。

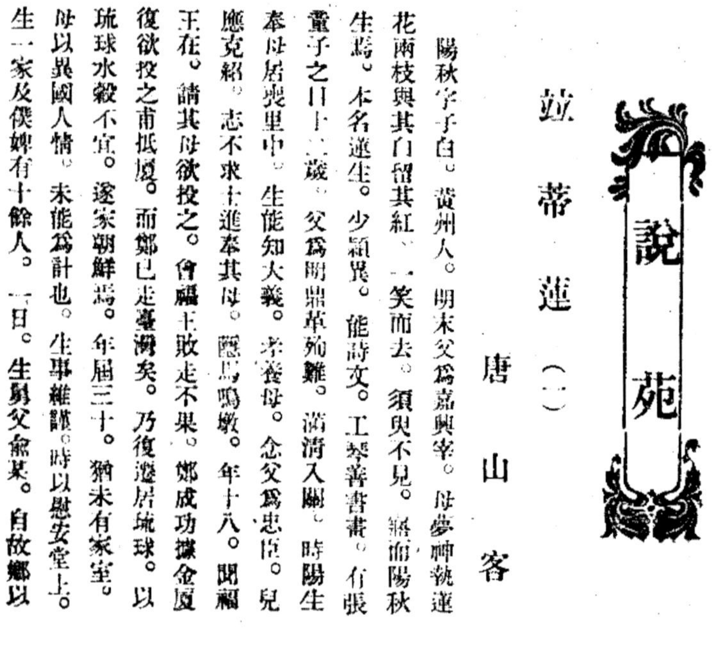

陽秋字子白。貴州人。明末父爲嘉興宰。母夢神執蓮
花兩枝與其白留其紅。一笑而不見。須臾不見。繼而陽秋
生焉。本名遯生。少穎異。能詩文。工琴善書畫。有張
靈子之目。十二歲。父爲明鼎革殉難。滿清入關。時陽生
奉母居喪里中。生能知大義。孝養母。念父爲忠臣。兒
應克紹。志不求士進奉其母。隱馬鳴啟。年十八。聞福
王在。請其母欲投之。會福王敗走不果。鄭成功據金廈
復欲投之甫抵廈。而鄭已走臺灣矣。乃復避居琉球。以
琉球水穀不宜。遂家朝鮮焉。年屆三十。猶未有家室。以
母以異國人情。未能爲計也。生事維謹。時以慰安堂上。
生一家及僕婢有十餘人。一日。生與父爲某。自故鄉以

竝
蒂
蓮（一）

唐山客

說
苑

【圖 3-1-1】〈竝蒂蓮〉第一回連載書影

資料來源：《南瀛佛教》第五卷第五號，頁 46（台北：南瀛佛教會。1927.10）

　　〈竝蒂蓮〉連載到第三回的同時，林氏的另一作品〈新龍女影片〉亦開始連載。〈新龍女影片〉寫書生金莘芝出洋留學遇船難，被龍王所救。因莘芝曾放歸一魚，該魚爲龍王之女所化，龍王欲謝其恩情，故救其性命、延入龍宮。不僅贈之寶馬，更傳授武功，讓他能於亂世立功勳。在莘芝滯留龍宮期間，龍王還派遣僕從相助，爲金家化解匪賊劫掠的災厄。之後莘芝與其姊皆分別有了良緣歸宿，合巹之日龍女來賀，時花光香氣，一家和樂。但這部〈新龍女影片〉實際上並非至此完結，下卷爲獲得武藝與寶馬的金莘芝掃平巨盜的故事，但林氏並未打算繼續書寫，而於篇末一語帶過以爲交代。

　　〈新人生觀演藝齣——寡婦之難〉與〈新龍女影片〉雷同，是林氏轉戲劇演出爲文字的作品。連載時間與〈新龍女影片〉十分接近，每回連載爲一幕，但未及完結，《南瀛佛教》即轉移編輯工作至台中佛教會館主辦，〈新人生觀演藝齣——寡婦之難〉連載到第六幕遂腰斬。

　　〈新人生觀演藝齣——寡婦之難〉以同時代的中國爲背景，藉由文守禮、眞素端夫婦傳達端正禮教的主旨。恩愛美滿的文氏夫婦，丈夫文守禮不僅允文允武，更有憂國憂民的情懷。生逢國家動亂的時代，文守禮希望爲國爲民有所貢獻，因此決定赴外邦留學。之後則與好友柳道生一同加入國民政府軍隊，協助北伐事業。擔任小隊長的文、柳二人，作戰身先士卒，對於一般百姓的安危亦十分關懷，擔心敗退的北軍劫掠村莊，還事先安排屬下進行保護。而留守家中的妻子素端，一方面在叔父的幫助下抵抗流盜劫匪的侵擾，保護家園，另一方面則致力於社會風氣的匡正。素端見到年輕男女因受西方傳入的開放風氣影響，產生一些有違傳統禮教的行爲或觀念，因此與柳道生的夫人一同舉辦演講會，分析新觀念的弊端、鼓吹維護傳統禮教。〈新人生觀演藝齣〉與其他數篇最大的不同點，在於故事的時代背景設定於撰文的同時代，因此故事中亦出現了許多現代的新事物，例如：快鎗、小拳銃、懷錶、望遠鏡等。故事也將當時戰亂的對岸，盜匪猖獗、民家需擁槍自保，以及社會動盪，須由民兵守城等情景，展示於台灣讀者眼前。

　　兩回即完結的〈香火緣〉，寫活埋僧與無我尼的故事。僧人活埋與尼姑無我同拜覺空禪師學佛，在修行期間屢遭外魔障礙干擾，因而禪師命二人分別上山砍柴、入廚下勞務以鍛鍊心智。無我於廚中操持的過程中了悟此身僅爲臭皮囊，應無所惜；活埋於山中遇虎，悟恐怖心爲學佛之障礙，因而雙雙證果，進而得道。而後兩人分別雲遊四方，濟渡眾生，留下許多事蹟傳說。

二、本期作品特色

由上一段的內容略覽，我們可以看出林述三所撰寫的這幾篇小說，帶有很明顯的宗教性以及教化意味。故事主角個個皆是品德高尚、行事端正的忠孝仁義之輩，雖然還是或多或少會經歷困厄磨難，但以整體故事發展而言，主角仍是在天助人助的狀況下，可謂一帆風順的終其一生。然而主角何以如此有幸？一則以因果造化，二則以主角本身的品德與善行。作者應是希望藉此告籲讀者：人生種種際遇不脫因果造化，吾人要能端正品德、懷善心、行善行，始能避禍招福，更進一步則要把握難得的人身善加修行，以期離苦得樂，或修成正果、或得道登仙。

以下則就這幾篇故事的組成元素、用語與形式、故事中女子的形象進行討論。

（一）故事組成元素

【表 3-1-2】《南瀛佛教》前期連載小說「故事組成元素」一覽表

故事組成元素　　篇名	因果報應	姻緣天定	神通異能	神怪	修行	修行時為色所迷	「武」、「俠」相關敘述	奇女子
色即是空	◎	◎	◎	◎	◎	◎	◎	◎
一念之差	◎			◎				
玉壺冰	◎	◎	◎				◎	◎
竝蒂蓮	◎	◎	◎		◎			
新龍女影片	◎			◎			◎	
新人生觀演藝齣——寡婦之難							◎	◎
香火緣					◎	◎		

資料來源：《南瀛佛教》第一卷第一號～第七卷第四號（台北：南瀛佛教會。1923.7～1929.8）。

報應、神怪的思想原先即存在於中國民間，佛教傳入後，因其「業報」觀與中國傳統固有的報應觀存在部分相同之處，因此很快就被接納吸收，混融為一體。而佛教「因果輪迴」觀的傳入，則為傳統報應理論建構了更完整的體系。傳統報應觀建立在「善有善報」的基礎上，但所謂「報應」其實並

未具備一定的必然性，「善有惡報」、「惡有善報」的情形不乏其例。而「因果輪迴」觀適時彌補了這樣的扞格，構築出流傳至今的傳統報應觀念。〔註 10〕而報應觀的運用「以茲勸懲」，也成為成為中國傳統小說中屢見不鮮的題材。魯迅曾說：

> 中國本信巫，秦漢以來，神仙之說盛行，漢末又大暢巫風，而鬼道愈熾；會小乘佛教亦入中土，漸見流傳。凡此，皆張皇鬼神，稱靈異，故自晉迄隋，特多鬼神志怪之書。其書有出於文人者，有出於教徒者。〔註11〕

在中國原已興盛的神鬼故事，在來自南亞次大陸的佛教傳入後，注入了新的養分，帶給文人創作志怪小說的豐沛靈感與啟發，造成志怪小說特別興盛。「中國的小說中，不涉及神、鬼的極少，涉及到宗教，則必然和以上概念（按：輪迴——因果報應——地獄）相關聯」。〔註12〕林述三身為接受傳統教育的舊學宿儒，對這類的故事主題自是十分慣見熟習，七篇中即有五篇含有相關元素。〔註 13〕而佛家思想中的「因緣」觀，在男女婚姻方面則演變成前生已註定的「姻緣」之說，「姻緣天定」的宿命論在林氏所創作的這幾篇故事中亦頻繁出現。如〈玉壺冰〉中，鼓南異僧贈予主角冷生的一謁：「良緣有前定，冷如玉壺冰，明若秋天鏡」，之後，雖然歷經波折，甚至一度傳出盟訂的對象海月娘遭難，但「姻緣天定」，最後仍是大團圓作結。再如〈竝蒂蓮〉中，夢裡神佛手持紅白二蓮，注定與白蓮托生的柳生共結連理的，就是紅蓮托生的名為「紅蕖」的奇女子。而〈色即是空〉裡的妙空兒與伍鈺則有不同的發展。兩人雖有宿緣，但相遇時妙空兒已入空門修行，而伍鈺雖對妙空兒有好感，但求道之心最終仍勝過世俗情感，最後兩人先後修成正果，脫離了輪迴之苦。

　　另外一個引起筆者注意的地方則是「修行時為色所迷」的安排。〈色即是空〉與〈香火緣〉這兩部的劇情中有較大篇幅著墨於主角的修行，然而主角往往在禪定中受到魔魅侵擾，化身為主角傾心或在意的對象——妙空兒與阿

〔註10〕 林禎祥，〈宋代善書研究〉，（台北：東吳大學中國文學系碩士論文，2005 年），頁 106~107。
〔註11〕 魯迅，《中國小說史略》，（臺北：五南，2009），頁 80。
〔註12〕 白化文、孫欣，《古代小說與宗教》，（遼寧：遼寧教育出版社，1992），頁 12。
〔註13〕 〈色即是空〉伍鈺與妙空兒一笑之緣、〈一念之差〉出海等眾人支解觀音像得到報應、〈玉壺冰〉〈竝蒂蓮〉的姻緣天定、〈新龍女影片〉金芊芝仁慈放生龍女所化之魚，獲得諸多善果等，皆是因果報應觀的展現。

春（無我尼）——引誘主角瀕臨犯戒，最後危急時刻皆是由師父出面為之化解。這樣的安排或許與悉達多太子悟道前於菩提樹下禪定，魔王為阻止太子成就正覺而命美豔魔女誘惑太子的故事有關。

　　另外一個佔有很大的比例的元素則是「武」或「俠」相關的敘述。〔註14〕「武俠」主題的小說作為通俗小說的一環，自有其吸引讀者的特點，例如引發讀者傾慕的英雄豪俠形象的塑造、驚心動魄的打鬥場面、精彩刺激的奇能炫技等。如〈色即是空〉妙空兒除水怪：「須臾黑雲如墨，把紅日遮去，風起浪湧。妙空兒忙將神劍飛時，一聲霹靂，諸怪悉逃藏水底，惟怪物與金甲神在雲間大戰……一聞雷聲而風浪大作，江鳴海嘯……怪物悲嘶而遁，神劍已歸匣裏。」〔註15〕〈玉壺冰〉中，海氏兄妹對戰山賊：「聞金聲一響，從虛谷中，突出一枝賊匪，截途打劫。中間現有隻猛勇的母大蟲，予偕妹奮勇開銷決鬥，三戰三克之……以飛蝗箭殺其馬，此母大蟲，陷入溪嶽，舍妹欲擒之，母大蟲，殊矯捷，竟手攀懸于崖上，舍妹曰予不殺汝汝母相擾。彼女人聞斯言，乃一躍上山阿，拜伏道傍。」〔註16〕精彩的交鋒過程，透過作者簡潔精煉的文字描述，十分能夠引人入勝。

　　而〈新龍女影片〉中二場「武技」的展現皆是以大規模騎馬戰方式呈現。第一場為龍女與眾婢的狩獵場景、第二場是主角金莘芝由龍女處習得神妙武藝後，在父母面前與家丁、武師對戰，展現己能。此處較為特殊的地方在於，角色們展現的武藝，不管是騎馬狩獵或百步穿楊之術，儘管與古代彎弓射箭、彈丸暗標之術並無二致，但所使的武器卻已一變而為現代的「槍械」了。如龍女擊殺猛獅：

　　　　老獅撲箇空，又撲向兩侍婢來。兩侍婢見來的兇猛執兵禦他，那馬也就奔騰躲過，爾看宮主呵，不慌不忙把那枝快彈一響，把老獅轟斃了。〔註17〕

最後一回中，金莘芝展現武藝：

　　　　公子先演了快鎗在馬上，從容的據鞍顧盼，百發百中。那株的楊柳掛下一個標兒，被公子發擊的破裂不堪。〔註18〕

〔註14〕此處「武」是指武技，「俠」指見義勇為、抑強扶弱等行動。
〔註15〕怪星，〈色即是空〉第五回，《南瀛佛教》第 2 卷第 6 號，頁 20。
〔註16〕唐山客，〈玉壺冰〉（十），《南瀛佛教》第 5 卷第 1 號，頁 48。
〔註17〕怪星，〈新龍女影片〉（二），《南瀛佛教》第 6 卷第 2 號，頁 70～71。
〔註18〕怪星，〈新龍女影片〉（六），《南瀛佛教》第 7 卷第 1 號，頁 49。

　　除了〈新龍女影片〉使用的兵器出現槍械外,〈新人生觀演藝齣——寡婦之難〉由於以當時代中國北伐為故事背景,故事中使用的武器亦皆為槍械火炮。但雖然如此,中國傳統兵器在這幾篇含有「武」或「俠」元素的小說中並未缺席。

　　在傳統武俠小說的世界裡,「兵器」其實也被賦予了一定的倫理色彩。〔註19〕「劍」乃中國最古老的兵器之一,在先秦文學中即有關於「劍」的描述。〔註20〕雖然在現實世界的實戰中,「劍」的作用並不大,但「劍」作為一種近距離進攻型武器,使用時強調以真本領取勝,其光明正大的形象符合君子之風,因此廣受文人青睞。歷代文人對「劍」的吟詠不絕,如陶淵明〈擬古〉詩:「少時壯且厲,撫劍獨行遊」等。在源遠流長的文化積累之下,使得「劍」與「俠客」連結的意象深入人心,〔註21〕也因此對「俠客」而言,最適合其風骨的兵器就非「劍」莫屬了!即便是已開始使用槍械的金莘芝,仍有龍王所賜的「雙龍寶劍」:

> 次回又命張五李三只管拚命和他惡戰。那公子手中攜的龍宮所贈的雙龍寶劍,抵住了他,一場的大殺鬥的夫人眼花了,員外喝采的口不絕聲。〔註22〕

〈色即是空〉裡的妙空兒除水怪時,所恃者亦為神劍一把。配合妙空兒的神通力,神劍飛出,霹靂乍響,群妖頓時驚駭逃藏。

　　除代表俠客風骨「劍」以外,弓箭、投石、暗標等遠射武器於林氏小說中亦多有運用。然而機關、毒藥、暗器等「暗中傷人」的手法,其實並不符合第一流的俠客正大光明的形象,因此在禦敵時,即便使用以「出其不意」「傷敵致勝」為目的的「暗器」,仍要先出言提醒。如〈玉壺冰〉中與水賊相搏:「時武漢人屬聲喝曰:『小醜漫跳梁,且看乃公錢與汝也。』即見武漢人手中錢如雨落賊舟,中賊皆披靡躍入海中。」〔註23〕其中一個武藝高強的賊人成功避開攻擊,並躲於船艙中以鐵針進行偷襲,於是:「武漢人知其不庸,乃大呼曰:『倉中賊子之射技只此耳,乃公錢能穿倉殺汝也,汝胡逃。』驚聞倉中賊,噭然一號,知己殞之矣」

〔註19〕陳平原,《千古文人俠客夢——武俠小說類型研究》,(台北:麥田,1995),頁133。

〔註20〕如《荀子‧性惡》篇就錄有數柄今日耳熟能詳的寶劍名稱:干將、莫邪、巨闕等。

〔註21〕陳平原,《千古文人俠客夢——武俠小說類型研究》,(台北:麥田,1995),頁130～142。

〔註22〕怪星,〈新龍女影片〉(六),《南瀛佛教》第7卷第1號,頁49。

〔註23〕唐山客,〈玉壺冰〉(二),《南瀛佛教》第3卷第5號,頁18。

〔註 24〕。這樣的安排除了表現「俠客」的武藝之高，即便敵方已有所戒備，「俠客」仍可輕易取之，另一方面更是用以展現「俠客」的行事正直、光明磊落。

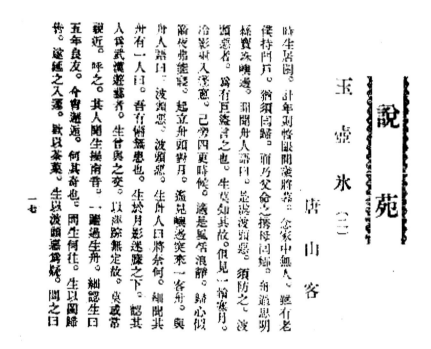

【圖 3-1-2】〈玉壺冰〉第二回連載書影

資料來源：《南瀛佛教》第三卷第五號，頁 17（台北：南瀛佛教會。1925.6）

（二）用語與形式

　　此階段的漢文連載小說，用語皆為淺近之文言文。如〈竝蒂蓮〉寫兩軍交戰：「短兵接，駝峰民兵掩至，喊殺之聲震野。焦命迸力打回龍谷，張克良知焦砲，亦以巨砲彈之，回龍谷清兵亦發巨彈應敵……（清軍）與黃無心戀戰，欲侵入重圍……黃驅巨砲軍猛擊之，清之沖圍軍悉滅。」〔註 25〕〈一念之差〉中，出海（船長）在冥府接受審訊後，被處以下油鍋之刑：「……四藥又抬一巨鼎至，置庭前，熾炭煮油，沸沸然，若海潮驟激，又復奔騰，熱氣逼人。首推出海者投之，砰磅濺溢，灩激金光，油方大熱，跳珠如雨，廊下人幾避不及，而屍已浮游鼎上矣。」〔註 26〕皆是運用淺近的文言語法做為表

〔註 24〕唐山客，〈玉壺冰〉（二），《南瀛佛教》第 3 卷第 5 號，頁 18。
〔註 25〕唐山客，〈竝蒂蓮〉（四），《南瀛佛教》第 6 卷第 2 號，頁 72。
〔註 26〕怪星，〈一念之差〉（三），《南瀛佛教》第 3 卷第 5 號，頁 18。

現工具，文句簡潔、表達生動。林述三身為具有深厚學養的傳統文人，不僅涉獵廣博，更好讀、嗜讀。《臺北市志卷九人物誌》中記述林氏：「……諸經註疏，子史百家，歷代名家文集，及稗官野乘……熒熒一燈，深夜不息」，只因「世難如斯，今日不讀，他日恐將無此機緣也。」〔註27〕對博覽群書的林氏來說，唐代傳奇、聊齋誌異等文言小說相信自是毫不陌生。在熟讀慣見之下，提筆開始的創作，自然是以自己熟悉的文言語法作為媒介。

除用語為淺近文言文外，可看出此期作品受中國傳統小說影響的地方還有小說的形式。根據林以衡研究，日治時期台灣漢文俠敘事有一共同特點，就是文末往往附有作者的評述。〔註28〕此種「論贊」的體例早在先秦典籍中已有出現，例如《左傳》的「君子曰」、《楚辭》的「亂曰」。而後司馬遷《史記》以「太史公曰」對所記的史實、人物加以議論，成為中國史書論贊體例的範本。而小說深受史書的影響，因此也繼承了這樣的傳統，以論贊的形式對所描寫的故事或人物進行價值評斷。以唐代傳奇為例，故事常以「某某傳」或「某某記」為名，末尾也常附加一段評論性的文字，如《柳氏傳》故事最後的「論曰」。清代文言小說更常見這樣的論贊，其中最為人所知的應該就屬蒲松齡《聊齋志異》的「異史氏曰」。

檢視林氏所創作的這七篇作品中，有超過半數以上於篇末附有論贊，或說明創作的因由、或申明主旨，闡述故事所藏寓的道理。例如〈竝蒂蓮〉文末說到：

> 苓草氏曰：廣長舌相覆三千大千世界，佛之婆心如是說法。人生傀儡耳，抽繩于暗中者，造化也。是故忠也者造化也，奸也者造化也……萬般皆是造化，是篇一切有為法，如夢幻泡影，如露亦如電，應作如是觀。〔註29〕

藉由主角陽生波瀾起伏的一生，昭示人生僅如抽繩傀儡般，由造化操控著，生死善惡、萬般皆由造化。一方面透露出安然知命的態度：人生順逆冥冥中已有命定，何爭？另一方面又提示了積極向前的信念：世間事物皆剎那生滅，過去即過去了，不可再得，就像水中浮泡般抓不住、又像閃電一樣稍縱即逝，所以，當下要盡力，讓自己不留遺憾。而過去了的就過去了，無需再心心念

〔註27〕曾迺碩總纂《臺北市志卷九人物誌》，（台北：臺北市文獻委員會，1991），頁246～247，轉引自潘玉蘭，《天籟吟社研究》，頁180～181。

〔註28〕林以衡，《日治時期臺灣漢文俠敘事的階段性發展及其文化意涵——以報刊作品為考察對象》，（台北：編譯館，民98），頁97～98。

〔註29〕唐山客，〈竝蒂蓮〉（八），《南瀛佛教》第7卷第1號，頁50。

念。「執著」即心生束縛，放不下便得不到自在、得不到真正的解脫。

再如〈新龍女影片〉故事最後作者附記：

> 題詞幻影光中演一部奇奇怪怪，費盡一年閒筆墨，寫不盡十分精做。
> 那是書空禿禿，便說是陳言蕪穢。勸君世事此中看，黃粱夢一場閒，
> 結局已把時光拋退，且由人牛鬼蛇神來作繪。〔註30〕

林氏費一年之功將影片化為文字與讀者分享。刺激緊張的海難場景、金碧輝煌的神仙洞府、嘆為觀止的神妙武功，構成一部精采跌宕的故事。雖然只是一部供消遣休閒的娛樂作品，林氏仍希望讀者能由此中識得一番滋味。熱鬧繽紛的畫面褪去，落幕後，仍是回歸庸庸碌碌的現實生活，如同世間富貴榮華，終如一場夢境。

〈香火緣〉寫一僧一尼從修行到得道的故事。以「修佛人宜抵斯苦，而後能抵斯樂，而後能以抵斯名世也」勉勵同為佛教徒的讀者們，並曰：

> 大塊一團土，塑出群形象，能言後能行，能靜復能動，匠心雖獨殊，
> 到底成勾當，結局上戲臺，一齣紅樓夢，打破復造來，餘泥更不喪，
> 名為後來者，其實同模樣，但覺是替身，陳陳荒塚上，如來有何如，
> 赫原真宰共，真宰非為真，傀儡遠無狀，欲問抽繩人，胡為始作俑。
>
> 〔註31〕

「遊地府」是民間故事中常見的命題，在許多帶有「善書」色彩的志怪小說中，此類主題屢見不鮮。〔註32〕大眾耳熟能詳的「唐太宗遊地府故事」，經學者研究，原應為錄於《大雲經》後的「感應記」或「功德記」，用以證明該部經典的靈驗。〔註33〕而後此故事被有「四大奇書」之稱的《西遊記》所吸納，第十一回「遊地府太宗還魂　進瓜果劉全續配」即成了唐僧往西天取經的一個直接原因。〈一念之差〉正是一個遊地府的故事。故事曲折離奇，看似怪力亂神、匪夷所思，但林氏仍不免要自我辯駁一番：

> 記者曰：是說由臺人而傳，由本人而言，似近實而虛者。然自我生

〔註30〕怪星，〈新龍女影片〉（六），《南瀛佛教》第7卷第1號，頁49。

〔註31〕朮參，〈香火緣〉（二），《南瀛佛教》第7卷，第3號，頁48。

〔註32〕如謝敷《光世音應驗記》、張演《續光世音應驗記》、劉義慶《宣驗記》、王琰《冥祥記》、陸杲《繫觀世音應驗記》、顏之推《集靈記》、顏之推《冤魂志》、侯白《旌異記》等等。見林禎祥，〈宋代善書研究〉，（台北：東吳大學中國文學系碩士論文，2005年），頁24～26。

〔註33〕白化文、孫欣，《古代小說與宗教》，（遼寧：遼寧教育出版社，1992），頁16～25。

以來，兩耳所聞，奇奇怪怪者甚多，而考其情其理，文質彬彬，無
逾於此者，故因其姑妄言之妄聽之，而遂妄記之。今者臺灣亦有林
烏九死後七日復生之言，林國芳事，爲其子孫能興，後有林時甫先
生之瑞兆，而某處亦有後妻虐前妻之子，而前妻已死多年回家責罰
者事。由此觀之，是耶是非願俟博學君子爲一詳細之附及。〔註34〕

民間也多有相類之玄妙事蹟傳述，因此錄之待博學君子探究。而爲何作者不
在最後的評述中強調故事想傳達的因果報應觀？這是因爲故事中警世意味不
闡自明，不須作者再多贅言提醒，只需強調「這樣的傳說很多，或許眞有其
事」就足以達到警惕讀者之效了。

（三）小說中的女子形象

林述三曾作〈從軍女〉詩一首，曰：

> 閨門召出盡嬌姝，娘子成行戰豈輸。
> 弱質陣雲彈雨裡，昨宵驚夢配金夫。
> 何曾教戰入師徒，逐隊戎裝訝彼姝。
> 夜過明妃墳上拜，悲君委質破匈奴。〔註35〕

詩中讚揚這些不同於傳統女性、脫出閨閣投入軍旅的女子，突破刻板的弱者
印象，在戰場上亦能有所建樹。「娘子成行戰豈輸」，在林氏的小說中，這樣
不讓鬚眉的女子實際上也占了極高的比例。如〈色即是空〉、〈玉壺冰〉、〈竍
蒂蓮〉、〈新龍女影片〉皆有身負絕妙武藝的奇女子出現。而〈新人生觀演齣
——寡婦之難〉中的眞素端，雖未具備武功，但卻是在其他方面展現出豪俠
之氣，此部分容待後述。

林氏筆下身懷武藝的奇女子，首推〈玉壺冰〉的海月娘與其嫂。由於〈玉
壺冰〉故事始終圍繞於主角冷慧如，描寫他的孝順、描寫他的重義，在苦待
海月娘前來相會的期間，則是豪俠友于明、董夢驪爲之奔走。身爲女主角的
海月娘於是遲至第八回才開始出現較清楚的面貌。在此前一直都是以「待兄
長領其往會良人」的小女人形象出現的海月娘，在第八回終於與兄長、于明
一同整裝出發前往冷家。途中投宿旅店時，一行人被盜賊盯上，月娘不僅率
先察覺，更在盜賊開始進攻時與其他人一起「各持猛器，越廂屋與戰」、「月

〔註34〕怪星，〈一念之差〉（七），《南瀛佛教》第4卷第3號，頁22。

〔註35〕林述三〈從軍女〉《礪心齋詩集》，（台北：龍文出版，2001）（臺灣先賢詩文
集彙刊，第三輯；12），頁66。

娘伏右廂，連擊之，斃數人」〔註36〕展現出不讓鬚眉的能力與勇氣。之後旅途中又一夜，一賊潛入月娘房中，月娘不僅不呼其兄或于明等勇健男子相助，反倒自行將此賊戲弄一番後擒之。游刃有餘的態度一來展現月娘的調皮活潑，二來也顯示出月娘過人的膽識與武藝。月娘另一項受人讚嘆的絕技則是類似於「輕功」的技藝，小說中是這樣描述的：

> 山行，駭見傍林有虎跡，血般，知爲虎噬人而至者，因相與嚴警。
> 登越山中諸樹尋之。月妹殊聰款，攀枝拊幹，捷于猿揉。明不知其
> 有此絕技也，嘆羨之。〔註37〕

此外，月娘還有另一巧技：善彈石、射飛蝗箭以爲武器。其嫂嫂甚至也是敗在月娘此技之下，進而惺惺相惜，並以此因緣嫁予月娘之兄，與月娘成爲姑嫂關係。

〈竝蒂蓮〉是林氏這幾篇小說中，除〈玉壺冰〉外，另一部「武俠」氣氛較濃厚的作品。不同的是，〈玉壺冰〉有較多展現個人武藝的橋段，而〈竝蒂蓮〉則以兩軍對壘的戰爭場景爲主。〈竝蒂蓮〉的男主角陽秋與〈玉壺冰〉冷慧如類同，是一文儒形象，然而女主角陰紅葉，卻是一個在父親殉國之後，「女以群婢，冐（按：冒）鋒炎，走赤石巖。遇寇匪與戰，殲其巨魁，諸賊願降女將軍。適賊中有乃翁舊將，因與女郎相見，勸女暫居此」〔註38〕的女英雄形象。相對於紅葉的勇猛善戰，陽秋就略顯文弱。不僅初見時的場面是陽秋遇虎襲，紅葉縱馬越過惡溪，連發二箭斃虎，救陽秋於虎口，在與清廷對戰獲勝後，也是由紅葉表達欲乘勝追擊的積極戰鬥態度。紅葉除了勇武善戰，治軍方面亦是可圈可點。軍法嚴謹，大軍所過村墟「俱無纖芥之損」，〔註39〕且「恩德及人遠近」〔註40〕、「儼然爲民父母行政者遠近鄉市咸畏懷之」〔註41〕，完全是一個不可多得的奇女子。

再看到〈色即是空〉的妙空兒，不僅承命除水怪，更爲救援被妖所捉的主

〔註36〕唐山客，〈玉壺冰〉（八），《南瀛佛教》第4卷第5號，頁44。
〔註37〕唐山客，〈玉壺冰〉（九），《南瀛佛教》第4卷第6號，頁34。
〔註38〕唐山客，〈竝蒂蓮〉，《南瀛佛教》第5卷第5號，頁47。陰紅葉的遭遇與〈玉壺冰〉中海月娘之嫂雷同。海月娘嫂嫂在敗於海月娘之手後，自言其身世：「渠爲某尊宦女，遭時變，家人離散。他自隨三婢潛藏快鎗登山，適匪徒欲劫他，以鎗轟之斃斷數人命。中一匪首，乃其昔年之僕，遂呼群降他，事他在山上，避性命也。」見〈玉壺冰〉（十），《南瀛佛教》第5卷第1號，頁48～49。其中不同點在於陰紅葉據山爲王後是經營一方抗清勢力，而海月娘嫂嫂則是成爲打劫路人的匪寇之首。
〔註39〕唐山客，〈竝蒂蓮〉，《南瀛佛教》第6卷第1號，頁69。
〔註40〕唐山客，〈竝蒂蓮〉，《南瀛佛教》第6卷第1號，頁68。
〔註41〕唐山客，〈竝蒂蓮〉，《南瀛佛教》第5卷第5號，頁47。

角伍鈺，屢次與妖物對陣仍一派淡定從容。即使在涉及到男女之情的議題時不免展現嬌羞態度，但整體而言，對比於文弱書生的伍鈺，妙空兒給人的印象更為可靠。而〈新龍女影片〉中的龍女，一登場即為戎裝策馬游獵的豪邁形象，為報金莘芝救命之恩，還親自傳授金莘芝絕妙武功，讓他能於亂世立功勳。以上幾部作品裡出現的女性角色皆身懷武藝或異能，面對殺伐戰鬥態度從容、游刃有餘，比之故事中身為文人儒士的男主角，更顯意氣風發、豪氣干雲。

至於以發生在對岸中國的國民政府北伐為故事背景的〈新人生觀演齣——寡婦之難〉，因故事以現實世界為背景，因此女主角真素端與上述「江湖」氣息濃厚的女角有很大的不同，是一個較貼近現實的「凡人」。貞淑、賢慧，舉止溫婉高雅的真素端，過著與丈夫相敬如賓的恩愛生活。但雖如此，真素端也絕非一般印象中傳統的文弱婦女。當丈夫文守禮離家去闖一番大事業後，賊人欺文家只餘婦人孺子，便意圖作惡。真素端一察覺家中有變故發生，立刻毫不猶豫的執起快槍，前往支援與賊人對壘的叔父。而當看到社會上出現許多有違禮教的偏差觀念與行為時，真素端也當仁不讓的投書報館、舉辦演講會，以端正歪風，維護風紀良俗。果敢明快的行動，絲毫不見柔弱之態。

根據以上分析，可以發現林氏筆下的女性幾乎皆是不讓鬚眉的奇女子。能力高強，不僅足以自保，甚至能三番兩次搭救男主角於危難；行事果決，膽識過人，與傳統女性依附於男性的弱者形象大相逕庭。

綜觀《南瀛佛教》前期的漢文小說連載，諸篇作品皆出於傳統文人林述三之手。其中雖有二篇非林氏原創，而是林氏將其所觀之影片轉錄為文字發表，但即使如此，此二篇必然也是符合林氏的價值觀，或蘊含有林氏希望傳達的思想於其中，因此才願意「費盡一年閒筆墨」〔註42〕將故事一字一句傳錄出來。此期作品屬連續文本者共計七部，從前揭分析可以看出，諸篇故事以傳達輪迴果報觀為主，兼以傳統禮教、忠孝節義等觀念的維護與闡揚，以及提示讀者：諸行無常、應把握人身難得，進行修行的佛家思想。〔註43〕

〔註42〕怪星，〈新龍女影片〉（六），《南瀛佛教》第7卷第1號，頁49。

〔註43〕由吳福助主編的文听閣《日治時期臺灣小說彙編》，輯錄了相當大量的日治時期台灣報刊上的漢文小說。《南瀛佛教》故事體作品前期的七部連載漢文小說中，〈一念之差〉、〈玉壺冰〉、〈埕苨蓮〉、〈新龍女影片〉等四部有被收錄於《日治時期臺灣小說彙編》，但〈色即是空〉、〈新人生觀演藝齣——寡婦之難〉、〈香火緣〉三篇卻未被收錄，誠為遺珠之憾。

第二節　中期的短篇故事集

　　從第七卷第五號《南瀛佛教》轉由台中佛教會館林德林營辦開始,「說苑」欄就不再是固定的欄位,故事體作品也變成非常態刊登的項目,連續幾期未見刊登亦屬常見。由林德林開始,連續三任編輯的任職期間都非常短,〔註44〕直到曾景來接任後,擔任《南瀛佛教》編輯達七年又五個月之久,是《南瀛佛教》歷任編輯中任職時間最長的一位。

　　根據筆者所整理的《南瀛佛教》故事體作品列表,〔註45〕可以看出這幾位編輯任職期間故事體作品的刊登狀況:林德林編輯期間(第七卷第五號～第八卷第十號)所刊登的故事體作品,大致上皆是取材自佛教經典的佛經故事,如〈世界一的大聖人〉、〈長壽王物語〉等;李添春編輯期間(第九卷第一號～第十卷第二號)幾乎沒有故事體作品的刊載,直到最後三期有和李添春同為駒澤大學校友的曾景來所發表的一篇佛經故事〈舍衛城中一椿事〉,以及林秋梧的兩篇〈禪窗閒話〉;〔註46〕高執德編輯期間(第十卷第四號～第十卷第七號)所刊載的故事體作品亦皆出於曾、林兩人之手。〔註47〕曾氏兩篇皆為佛經故事,林氏〈禪門捷徑〉二篇則共摘錄六則故事體作品,其內容皆出自《文殊師利問經》菩薩戒品第二、《林間錄》、《景德傳燈錄》等佛經或佛學著作,用以傳達禪理。其中較特別的是第十卷第六號禪門捷徑(一)〈噉肉無有罪過〉,這篇內容摘自《文殊師利問經》菩薩戒品第二,藉由佛陀與文殊師利的對答,說明「有因緣者食肉無罪過」的道理。林秋梧與高執德、曾景來、李添春等人,同樣身為駒澤大學畢業生,求學期間深受日本禪學大師忽滑谷快天理念的影響,回到台灣後極力推動宗教改革,對於「僧侶可食肉帶妻」的新觀念也極力推廣。此篇〈噉肉無有罪過〉的刊載可視為是藉由經典

〔註44〕林德林約一年(昭和四年十月～昭和五年十一月)、李添春一年三個月(昭和六年一月～昭和七年四月)、高執德則僅四個月(昭和七年五月～昭和七年八月)。

〔註45〕請參見附錄一「《南瀛佛教》故事體作品整理」。

〔註46〕林秋梧的〈禪窗閒話〉一則是記開元寺的一位老僧人「老雲淨」的生平,一則是轉錄開元寺監院慎淨的兩篇小說作品、一則是出自日本宇治拾遺物語的故事。見《南瀛佛教》第10卷第1號,頁55、第10卷第2號,頁38。

〔註47〕曾景來〈阿闍世王歸佛因緣〉《南瀛佛教》第10卷第4號,頁52;曾景來〈佛陀底出家〉《南瀛佛教》第10卷第5號,頁35;林秋梧〈禪門捷徑(一)〉《南瀛佛教》第10卷第6號,頁38;林秋梧〈禪門捷徑(二)〉《南瀛佛教》第10卷第7號,頁30～31。

來支持他們主張的正當性。

在經過一期編輯交接過渡，由文教課職員江木生暫代編輯後，編輯工作自第十卷第九號起至第十八卷第二號為止，改由曾景來接任。在曾景來如此長時間的主導《南瀛佛教》期間，故事體作品的刊登又有何特徵呢？本小節即以曾氏擔任編輯期間的故事體作品做為討論對象。

一、各短篇集性質

曾氏擔任編輯期間，故事體作品的刊登以「短篇故事集」形式為主。〔註48〕根據筆者統計，共約 419 篇，〔註49〕各類型短篇集刊載回數以及作品總篇數整理如下表：〔註50〕

【表 3-2】《南瀛佛教》中期短篇故事集類型與刊載回數、作品總篇數一覽表〔註51〕

短篇集	刊載回數	刊載作品總篇數
逸話集	10 回	78 篇
美談集	9 回	47 篇
布教資料兒童文藝〔註52〕	5 回	38 篇

〔註48〕 經筆者整理統計，第 10 卷第 9 號起至第 18 卷第 2 號為止，共有 34 期刊有單篇完結的故事體作品，共計 47 篇，而有 37 期刊載「短篇故事集」形式的作品，共約收錄 419 篇。「短篇故事集」如中華因果錄、佈教資料譬喻集、道話集等等，每篇收錄少則一則，多則二、三十則短篇故事，數量十分龐大，因此筆者以「短篇故事集」為《南瀛佛教》中期的故事體作品刊載的特色。

〔註49〕 此處統計含未翻譯作品 7 篇。

〔註50〕 短篇集名稱說明：以第 16 卷第 5 號為例，當期短篇集〈道話・逸話・美談〉標題後刊載的故事是〈介子推的忠節〉，接著出現分項標題〈逸話集〉，其中有 4 篇故事，再接著是分項標題〈美談集〉，刊載 2 篇故事，由此可知第 16 卷第 5 號的短篇集是規劃為〈道話集〉、〈逸話集〉、〈美談集〉三部分，雖〈道話集〉此一分項標題未單獨列出，但仍可推知〈介子推的忠節〉一篇是歸在〈道話集〉項下，而與〈逸話集〉的 4 篇、〈美談集〉2 篇故事有所區隔。

〔註51〕 「刊載回數」與「刊載作品篇數」說明。以「實話集」為例，分別在第 15 卷第 11 號、第 17 卷第 1 號、第 17 卷第 4 號刊登過，共計 3 回；而其中收錄的故事篇數，第 15 卷第 11 號的實話集收錄 5 篇故事、第 17 卷第 1 號實話集收錄 2 篇故事、第 17 卷第 4 號收錄 5 篇作品，共計 12 篇，因此在【表 3-2】中「實話集」的統計紀錄是「3 回」、「12 篇」。

〔註52〕 「布教資料兒童文藝」項包含「布教資料兒童文藝」（刊登 4 回，包含 37 篇故事）、「兒童文藝」（刊登 1 回，包含 1 篇故事）。

短篇集	刊載回數	刊載作品總篇數
因緣集〔註53〕	8回	35篇
譬喻集	6回	49篇
道話集	6回	34篇
中華因果錄〔註54〕	4回	49篇
奇談集〔註55〕	3回	47篇
傳說集	3回	19篇
實話集	3回	12篇
佛陀之教訓與比喻	2回	10篇
落語〔註56〕	1回	1篇

資料來源:《南瀛佛教》第十二卷第一號～第十八卷第三號(台北:南瀛佛教會,1934.1～1940.3)

各類短篇集所收集的故事在性質上略有區隔。「逸話集」主要以名人逸聞為為主。78篇故事中有71篇以古今知名人物為主角,〔註57〕如明治時期的政要人

〔註53〕曾景來卸任後編輯工作由社會課職員江木生暫代兩期。曾景來編輯至第18卷第2號,江木生接手第18卷第3、4號兩期,其中第3號刊有「因緣集」,含3則故事,第4號就沒有故事體作品刊登了。觀察曾氏編輯的最後半年期間(第17卷第8號到第18卷第2號)的出刊慣例,皆是在前一個月的26日或28日印刷,當月的1日發行。第18卷第3號頁22曾提到曾氏離職時間是2月17日,若以曾氏編輯的出刊習慣來看,曾氏離職時距離慣例的送印時間只剩10日左右,因此可以推測當時新一期(第3號)的編輯工作肯定已在進行中,因此筆者認為,第18卷第3號名義上雖改由江木生編輯,但仍依循曾氏慣例刊有短篇故事集「因緣集」,或許是曾氏在職期間所遺餘稿,因此第18卷第3號所刊之3篇因緣集故事也採入「中期」進行討論。

〔註54〕「中華因果錄」項內包含「中華因果錄」(刊登3回,包含43篇故事)、「文苑」(刊登1回,包含6篇故事),因故事性質完全相同,故將兩者併於同一項下。

〔註55〕「奇談集」項內包含「奇談集」(刊登2回,包含14篇故事)、「奇談與風流」(刊登1回,包含33篇故事)。

〔註56〕「落語」項目單只有1篇作品,後續討論將不予列入。

〔註57〕根據筆者整理,僅第17卷第1號〈憂憤而死的老虎〉、〈補鳥的名人〉、〈倉庫的哭泣聲〉、〈米粒中的六百個字〉、〈柔道捕鼠〉、〈猴子的復仇〉、〈照片中的幽靈〉是以名不見經傳的一般人為主角,如〈米粒中的六百個字〉是記述東京府北多摩郡中町郵局局長的兒子芹澤秀行擅長寫「細字」,曾在一顆米粒上寫了六百個字的事蹟。甚至有故事內容與另一篇一模一樣,但背景資料不同者,如〈倉庫的哭泣聲〉寫相州逗子町紳號念佛源兵衛的慈悲當鋪老闆,但此故事在第16卷第4號「因緣集」刊載的〈敦厚老實的當鋪老闆〉中則變成了發生在橫濱市中區長者町六町目的「尾張屋」。

物土方久元、寺內正毅、江戶時代末期浮世繪畫家歌川國芳等。

「美談集」刊載的作品，也多為人物小故事。與逸話集不同的地方是，逸話集收錄的多為名人的事蹟，美談集則相較之下有較多以市井人物為主人公的故事，例如洗心革面的扒手、山村的少年等。共計47篇中，以名人為主角者僅13篇。

「傳說集」偏向神怪傳說等異聞。如〈會點頭的木像〉或寫據聞半夜會有大腳從天而降，將留宿於房間裡的人踩死的〈洗腳房子〉等。

「實話集」也是以人物逸聞為主。12篇中有8篇以知名人物為主角，如義大利獨裁者墨索里尼、日本畫家平福百穗等；4篇以一般人為傳主，如不顧己身安危，將保住郵件視為第一要務的十六歲少年郵差、對惡性重大的囚犯仍不吝給予關懷的典獄長。這些故事都不脫展現良善品德與情操的主題，性質上與「逸話集」十分相似。

「因緣」，佛家語，指構成世上一切現象的原因。「因」指主因，「緣」謂助緣。而冠於「因緣集」這個標題之下的38篇故事，除了部分明確闡述因果報應的主題外，多數故事中其實並未有明確「善惡有報」情節。甚至故事主人翁行善卻不一定得善果，〔註58〕如此，則只能以「因緣」一語而蔽之——既得此果，必有前因。而不論是招致損害的惡果，抑或是促成修行的善因緣，因緣集裡的故事，其實也具有「宣揚良善品德」的作用。如〈善人〉故事中的清九郎，信守承諾將白米賣掉後換成錢交給盜賊，觸發盜賊的善念，最終悔過到各地朝山修行。故事中清九郎的正直與對盜賊善根尚存的信賴，是盜賊遷善的「因緣」，而故事同時也傳達了「誠信」的品德與「信賴」的力量。〔註59〕

也是以人物逸聞為主的「道話集」，錄有34篇作品。其中除了8篇出自佛經故事外，其餘故事多以教界人物或政治相關人物為主。〔註60〕而另外5篇以一般人為主角者，其所闡述的主題也較接近國民精神培養的範疇，如堅強正直的意志力、合作、勤勉等。與美談集、逸聞集偏向淳風良俗的道德宣揚的取向相較，道話集所欲傳達的內涵更貼近執政者所樂見的「堅忍」、「盡本分」的忠臣良民。

〔註58〕不著撰者，〈人間愛的極限〉，《南瀛佛教》第16第3號，頁49～53，寫慈善家青木氏的夫人，年輕時曾救助一位逃犯，沒想到多年後娘家慘遭橫禍，包含母親在內的四人皆被強盜殺害，而犯人就是當年青木夫人救助的逃犯。

〔註59〕不著撰者，〈善人〉，《南瀛佛教》第15第11號，頁37。

〔註60〕共計12篇以政治相關人物為主角，9篇寫僧尼的逸聞或教誨。

【圖 3-2-1】「布教資料逸話集」書影

資料來源：《南瀛佛教》第十五卷第九號，頁 40（台北：南瀛佛教會。1937.9）

「奇談集」14 篇，多爲街坊奇聞或奇人異士事蹟傳錄。如〈恐怖的報知〉講述岸和田地方一個獵人家庭，丈夫出門捕獵時，留在家裡照顧嬰兒的妻子，竟能透過嬰兒顫抖的次數預言丈夫捕到的獵物數量，讓人覺得十分詭異。〔註61〕另有刊載於第十六卷第一號的「奇談與風流」33 篇。依據曾氏輯錄這些短篇故事的慣例，原本「奇談與風流」應分「奇談」與「風流」兩部分，但當期並未遵循此慣例，33 篇故事直接刊於「奇談與風流」標題之下，未再加以細分。因此 33 篇故事中有 3 則屬街坊奇聞，其餘 30 篇則屬名人逸聞，是傳主美善行誼或人格風骨的宣傳，如〈珍惜寸陰〉寫尾藤二洲爲珍惜時間學習，飯桌放在身邊，蘿蔔乾吊在上面，餓了隨手抓飯配蘿蔔乾，終成一個有學問的人。〔註62〕

「譬喻集」刊登 6 回，計 49 篇。因爲是「譬喻」故事，其重點不在於故事的眞實與否，而是故事中所蘊含的道理，希望讓讀者看完後能有所省思，所以譬喻集所輯錄的作品，除了 16 篇爲佛經故事、3 篇動物寓言外，其餘故事的主人翁通常是「從前某一個地方有一個人」這樣模糊的形象。而在故事開頭或末尾，也多會有一番評論，點出其中的道理。例如第十五

〔註61〕不著撰者，〈恐怖的報知〉，《南瀛佛教》第 17 第 1 號，頁 31。
〔註62〕不著撰者，〈珍惜寸陰〉，《南瀛佛教》第 16 第 1 號，頁 39。

卷第十號所刊載的〈忍耐〉，故事中不學無術的男子詢問學者其座右銘是什麼？學者回答是「忍耐」（堪忍）兩個字，而後不學無術者不斷與學者爭辯「堪忍」（たへしのふ）是五個字，不是兩個字，最終惹怒了學者。此時不學無術者點出了學者自稱以「忍耐」爲座右銘，卻輕易被挑撥的事實。故事最後則加上了一句短評「在世上實踐是優於學問的」，直指故事核心，藉此引發讀者思考。

同爲譬喻故事的「佛陀之教訓與比喻」，10 則故事皆出自於《雜譬喻經》，故事主題則都圍繞在「精進」、「修行」方面。如〈大象和沙門〉故事中一對沙門兄弟，哥哥喜歡坐禪，但不喜歡行善；弟弟則喜歡行善，不過持戒不堅常破戒。後來証得羅漢果的哥哥，成了一個得不到布施的福薄比丘，弟弟則轉生成一頭受盡國王榮寵的大象。這個故事透過兩兄弟的遭遇做爲對照，鼓吹持戒和布施的善業。

「中華因果錄」，其性質同於中國傳統的「果報小說」〔註63〕，收錄大量因果報應故事。故事形式大多十分近似，某地某人做了某壞事，於是得到怎樣的報應云云，又或者是某人因爲誦佛經而如何避開了災禍等等。其中不乏一些神鬼情節的呈現，藉由故事中人爲惡後悲慘的下場，使人產生警惕，具有強烈的恫嚇效果。另外，中華因果錄共計 49 篇故事中，有 8 篇有標註作者，這是其他短篇集所沒有的。

最後則是「布教資料兒童文藝」。雖名爲「布教資料」，但故事其實多爲傳統民間故事或寓言故事，如〈田螺精〉、〈狐假虎威〉等。另外尚有 5 篇出自伊索寓言，1 篇出自聖經〈列王紀〉，但仍以取材於中國民間故事者爲最大宗。經筆者統計，除 8 篇未能確實查出故事出處，其餘有 19 篇出自中國民間故事、2 篇日本民間故事、3 篇源自歐美、5 篇伊索寓言、1 篇聖經故事。

〔註63〕果報小說，指宋代出現一種專門記載因果報應故事爲主題的志怪小說，其內容多出入釋、道二教。由於其以小說形式出現，具有強烈的恫嚇效果，亦爲宋代善書的主流類型。其代表作品有李昌齡《樂善錄》、李元綱《厚德錄》等。見林禎祥，〈宋代善書研究〉，（台北：東吳大學中國文學系碩士論文，2005年），頁21。

布教資料

兒童文藝

(二)

一、千尼德黑爾斯坦　有一個人想要發財，故此到外國旅行去了。有天走到海邊兒一個閔叫做荷蘭國，他就雅了荷蘭國的京城去遊去了。可巧遊到國王的宮殿那裡，否見那房子又好、玻璃又亮、門口兒有好些轎子，他就問傍邊兒的人，還是誰的房子。那個人不懷得他說的話，就拿荷蘭國話說「千尼德黑爾斯坦」。這句話就是我不懂得的意思。他也是好些火輪船、爽板船，有上貨的，有卸貨的，也有用大束和小車子拉的。貨物很多。他又問人，「這貨都是誰的」。那個人也說「千尼德黑爾斯坦」。他想著這干尼德黑爾斯坦這麼闊，也有用船的，子挑的。他想「千尼德黑爾斯坦」也想著他說「這貨都是誰的」。那個人他也說「千尼德黑爾斯坦」。他想著像他這麼好，就又送城往店去。道見上遇見街

二、大饅頭和大包子　姓張的小孩子，路上碰著一個姓李的小孩子，拉著他說「哦，我昨兒吃齋，一個很大的饅頭，再沒有這樣大，用了一百斤麵，八十斤肉，二十斤菜，做成一個的，煮好了用八個方桌子，纔可放下。二十幾個人，四面圍著吃，還吃不掉一半，正吃得高興，忽然不見了兩個人。」揭開饅頭一看，兩個人躲在裡面去吃饅，你說大不大。姓李的小孩子說「我昨天吃齋大肉包子，那纔算料大了。幾十個人財，故此到外國旅行去了。他又問人，「這是誰的殯」。他心裡想著，這位千老爺，道麼廣，起著個哇然醒悟了。從此以後他安分守己，再不想發財了。殯的，執事又新，跟人又多、棺材又好。他心裡想著，這位千老爺，可惜了兒的貸死了。問店心裡很

【圖 3-2-2】「布教資料兒童文藝」書影

資料來源：《南瀛佛教》第十二卷第七號，頁 42（台北：南瀛佛教會。1934）

二、以人物逸聞為大宗

　　由【表 3-2】的統計可看出，其中最常刊載、且刊載故事篇數最多的是「逸話集」。逸話集所收集刊載的故事以名人逸聞為主。例如江戶時代的名畫家池大雅，於母親過世後，為替母親貫徹「不願麻煩別人」的意志，因此堅持親自揹著母親的棺槨前去埋葬的孝行、〔註64〕日本「維新三傑」之一的西鄉隆盛貫徹自己的正道，即使施恩於人也不居功的風範等等。〔註65〕其餘「美談集」、「實話集」、「道話集」等，所刊載的也多為人物逸聞故事。像這樣以簡短的篇幅描述一人物的逸事或瑣言，類似中國古代筆記小說中，所謂的「志

〔註64〕不著撰者，〈背著棺槨的大雅〉，《南瀛佛教》第 15 卷第 9 號，頁 46。
〔註65〕不著撰者，〈南洲的偉大〉，《南瀛佛教》第 16 卷第 2 號，頁 52～53。

人小說」（或稱為軼事小說）。

　　自太史公司馬遷撰《史記》，樹立典範以來，中國歷代編寫正史多採用紀傳體形式，亦即以本紀、列傳體例為主。而本紀、列傳又多為人物列傳，所以可說中國的歷史主要是透過人物傳記來保存、記憶下來的。〔註66〕「志人小說」則記述歷史上真實人物的逸事或隻言片語，以展現「人物性格一剎那的閃光」，〔註67〕其性質在一定程度上與人物傳記相類。梁啟超曾指出：「讀名人傳記，最能激發人志氣，且於應事接物之智慧，增長不少，古人所以貴讀史者此。」〔註68〕讀史，可以向名留青史的人物學習，讀志人小說的功效亦在此。曾氏選刊這些人物逸聞故事，自始就是著重在其「教育」的功能。以逸話集為例，頭三回的刊載時就是直接冠上「布教資料」、「教化資料」這樣的標頭，刊登這些故事的用意可說不言而喻。

　　就逸話集為例，其「教育」目標不外乎透過孝順、仁愛、誠信、感恩、節儉等等道德價值之表彰達到教化的目的。例如大富豪安田善次郎的故事展現的是「誠信」、「踏實」的品格；〔註69〕當鋪老闆源兵衛悲憫窮人，將所有抵押品無條件返還給典當者，展現「仁慈」的行誼；〔註70〕澤庵禪師以和歌點醒柳生十兵衛，人上有人，天外有天。學會「謙虛」的十兵衛最後終於成為舉世聞名的大劍豪。〔註71〕透過這些小故事，提供讀者可見賢思齊的模範，達到編輯者所期望的「教育」的目的。

　　此外，筆者根據逸話集中故事主角的「國別」進行統計，發現78則故事中，歐美8篇、中國3篇，而取材於日本的，則佔了壓倒性的67篇之多，達百分之八十五強！而若以全部419篇短篇故事來看，若扣除佛經故事、因果錄、譬喻集、兒童文藝、落語這幾個刊登取向非人物軼聞的項目，〔註72〕剩

〔註66〕陳蘭村，〈略論名人傳記的閱讀功效〉，http://blog.sina.com.cn/s/blog_4c2ad0
　　　　240100anno.html，瀏覽日期：2015.02.26。

〔註67〕貫文仁，《古典小說大觀園》，（台北：丹青圖書，1983），頁5。

〔註68〕梁啟超，〈國學入門書要目及其讀法〉，《飲冰室合集》，飲冰室專集之七十一，
　　　　（北京：中華書局，1989），頁12。

〔註69〕不著撰者，〈兩個誓願〉，《南瀛佛教》第15第12號，頁36。

〔註70〕不著撰者，〈倉庫的哭泣聲〉，《南瀛佛教》第17卷第1號，頁37～38。

〔註71〕不著撰者，〈澤庵禪師與柳生十兵衛〉，《南瀛佛教》第16卷第4號，頁50～
　　　　52。

〔註72〕佛經故事篇數非單計「佛陀之教訓與比喻」的篇數，而是總計各短篇集中出
　　　　於佛經的故事，共37篇。

餘 260 篇中，背景爲日本的作品佔 204 篇，也是近百分之七十九的高比例。〔註73〕這樣的現象又透露出怎樣的信息呢？陳蘭村〔註74〕曾整理「名人傳記的閱讀功效」，認爲閱讀名人傳記有四大功能：歷史記憶功能、教育激勵功能、文學欣賞功能、其他學術功能。陳蘭村認爲，透過將「對國家有影響、有貢獻的人物」記錄下來，供後人閱讀，可以增強國家民族意識的牢固、凝聚與長期強盛。〔註75〕也就是說，傳播這些名人逸事，除了有助於善良風俗的宣揚、良好品德的培養外，另一方面也有助於國族崇拜的建立。

　　台灣在 1895 年改隸日本，由於領台初期遭遇台民頑強抵抗，於是執政當局於政治上採行無方針主義政策，宗教政策方面則是以放任自主、溫存保護爲方針。直到 1915 年西來庵事件後，宗教政策轉而爲管理與教育提升的方向進行。而在政治政策上，隨 1918 年美國總統威爾遜倡議民族自決原則，世界各地的殖民地紛起抗爭，爭取權益，國際上瀰漫對殖民地鬆綁的氣氛。此時期的日本也進入自由開放的大正民主時期，促使台灣知識分子開始以非武裝的手段爭取台灣的民主與自治。日本執政當局在這樣的風潮下不得不修正治台政策。大正八年（1919）田健治郎被派任爲台灣總督，治台政策也轉而推行「漸進的內地延長主義」。將台灣視爲內地（日本）的延長，目的在於「使台灣民眾成爲完全之日本臣民，效忠日本朝廷，加以教化善導，以涵養其對國家之義務觀念」。昭和六年（1931）九一八事變爆發，中日矛盾在此事件後更加激化，日本開始全面侵華。日本當局的對台宗教政策也趨於強硬，各式教化運動開始積極展開，希望藉由「敬神崇祖」精神的強化凝聚民眾的向心力。

　　曾氏於昭和七年十二月開始接任《南瀛佛教》編輯工作，政治上尚處於「漸進的同化主義時期」，宗教政策上則因昭和六年九一八事變的爆發，已進入蔡錦堂所稱之「精神強化期」，因此此時期的《南瀛佛教》充斥大量社會教化文章，或即便是講述佛法的美好，但仍要連結到盡忠、愛國的議題。例如第十二卷第四號刊登會長安武直夫於南瀛佛教講習會上所做的訓示：

〔註73〕260 篇中，日本佔 204 篇、中國 11 篇、歐美 36 篇、其他國家或地區 8 篇。
〔註74〕陳蘭村，浙江師範大學人文學院教授、中國傳記文學學會理事，著有《蔣風評傳》等著作。
〔註75〕陳蘭村，〈略論名人傳記的閱讀功效〉，http://blog.sina.com.cn/s/blog_4c2ad0240100anno.html，瀏覽日期：2015.02.26。

> 為了要成為善良的國民、忠良的臣民，要努力學習國語，藉著那國
> 語的力量加深對國體的理解，早日體認國民的感情、國民的信念。
> 這是很重要的事情。也要抱持對神社正確的見解，辨明神社與宗教
> 的異同。不可為了自己所信奉的宗教而違背了崇敬神社的本義。我
> 國自古以來就號稱是神國，敬神崇祖是立國的大本，敬神就成了所
> 有國民生活的根底。就在佛教來說，像「敬神崇佛」這句成語所表
> 達的，在崇佛的根底下有敬神的心情，這是日本國民最自然的表
> 相。〔註76〕

努力推動日語普及、塑造「神道」非宗教，而是超越宗教的立國根柢的觀念，
力求「貫徹皇國精神，努力強化國民意識」，正是同化政策的重點工作的一環。
而昭和十二年（1937）七七事變爆發，中日戰爭開始，政治上進入了「皇民
化時期」，《南瀛佛教》上政治、戰爭相關的作品亦刊登得愈見頻繁。例如第
十五卷第十號的卷頭辭：

> 佛教雖然是強調慈悲的宗教，但是同時也不否認戰爭，故而在經典
> 裡到處都曾出現破邪之劍、降魔之杵等語詞……戰爭不是打擊敵人
> 而是打自己，就算是打擊敵人也不是為了憎恨而擊之，反而是為了
> 愛護敵人，盡全力矯正其不對的行為。中日事變皇軍的立場就是如
> 此。在佛教的無我思想、大我精神重要就在這裡。〔註77〕

一方面闡述佛教不反對戰爭，另一方面則宣揚日軍「正義之師」、「師出有
名」的形象，企圖為日軍的侵略行為加以正當化。更進一步則連結「愛國」
就是奉行佛法的體現，例如同是第十五卷第十號所刊登的〈銃後國民的覺
悟〉：

> 所謂沒有自我在佛教來說就是無我……像污穢的「我」要消滅，滅
> 而奉公……「我」這個東西就會跟國家合為一體……信神、信佛是
> 怎麼一回事呢？自己要有像神那樣的心、像佛那樣的心，因此為社
> 會、國家而工作，這是佛教信念的結果……所謂滅私奉公——就是
> 以滅私（我）為社會國家盡公，開始來保全後方國民的任務。〔註78〕

〔註76〕 安武直夫，〈對第十四回南瀛佛教講習會訓示〉，《南瀛佛教》第 12 卷第 4 號
（1934 年 4 月），頁 3。

〔註77〕 不著撰者，卷頭辭，《南瀛佛教》第 15 卷第 10 號（1937 年 10 月），頁 1。

〔註78〕 中根環堂，〈銃後國民的覺悟〉，《南瀛佛教》第 15 卷第 10 號（1937 年 10 月），
頁 2～4。

這類「爲國宣傳」的文章頻繁刊載。而撰稿者也不再限於佛、齋教的有力人士或《南瀛佛教》的讀者投稿，文學、哲學、經濟學、工學等各科博士、銀行董事長、總督府官員甚至是軍中人員所撰寫的文章，成了《南瀛佛教》刊登的主力。而這些懷抱強烈愛國熱情的日人菁英，就藉由這方園地，對以台人爲主的南瀛佛教會會員慷慨陳詞，灌輸忠君、愛國、奉公、援戰等思想。

而在故事體作品方面，「短篇故事集」中較具援戰思想的「道話集」，首次刊登即在中日戰爭爆發後，1937 年 9 月。當期道話集刊登了八篇作品，其中半數是國民精神培養相關，如〈平常的修業〉講平時的準備與訓練是必要的，才能在戰爭時發揮作用；〈兒玉大將的沉著〉以將軍年輕時沉著應對，而順利掃平叛亂的事蹟，顯揚將軍的偉大。相較於其他短篇集，「道話集」所闡述的主題看得出較有配合戰爭的擴大而進行的教育宣傳的傾向。

曾氏擔任編輯期間（1932 至 1940），一街莊一神社（1934）、臺灣社會教化協議會（1934）、打破舊慣信仰運動（1935）、民風作興運動（1936）、正廳改善運動（1937）、皇民化運動（1937 起）、寺廟整理運動（1938）等宗教上或社會教化上的運動與組織如雨後春筍般紛紛展開。《南瀛佛教》作爲名義上爲民間組織發行，實際上卻是由官方經營、支持的刊物，其刊登的言論傾向執政者立場是可以預期的。

依據心理學層面的研究，「崇拜心理」源自於人類「趨利避害」的本能。〔註 79〕原始社會裡，人們出於對自然的懼怕，於是有了創世神話、自然神的崇拜等依託，之後隨著人類智識的發展與能力的進步，自然崇拜逐步發展爲對「人」的崇拜。擁有出眾能力的人、對大眾有用的人、建立豐功偉業的人等，「能影響眾人命運之人」成爲了受崇拜的對象。逸話集等短篇故事集利用人類與生俱來、對名人、能人的崇拜心理，大量收集日本古今人物的德行佳範對讀者進行傳播，讓讀者由「這個人眞了不起」的個人崇拜，進而推展到「日本是偉大的民族」、「身爲一份子眞是光榮」的國家認同，可視爲編輯者利用故事體作品的刊登，呼應總督府同化政策「使台灣民眾成爲完全之日本臣民」、「涵養其對國家之義務觀念」的目標。

〔註 79〕李姿蓉，〈青少年偶像崇拜傾向與崇拜延伸消費之研究〉，（台南：南台科技大學企業管理系碩士論文，2006），頁 8。

第三節 後期的輔翼戰事作品

任《南瀛佛教》編輯一職時間最久的曾景來於昭和十五年（1940）二月離職後，編輯工作由社會課職員江木生暫代兩個月，而後由《南瀛佛教》唯一一任日人編輯——田村智友接掌。田村智友自昭和十五年（1940）五月至昭和十八年（1943）三月擔任《南瀛佛教》編輯，期間近三年。而在田村氏之後擔任編輯的，則是僅任職半年後《南瀛佛教》即宣布停刊的竹中英貴。

在田村氏編輯期間，由第十八卷第五號起至第二十一卷第三號止，共歷經 35 期，期間極少刊登故事體作品。僅在第十八卷第七號刊登一篇詩歌形式的佛經故事〈勝鬘夫人〉、第十九卷第八號有一篇標榜「童話」的〈慰問部隊〉、第二十卷第八號〈國民防諜の話〉，此外就沒有故事體作品的出現了。而後繼者竹中英貴所編輯的七期亦無故事體作品的刊登。

一、後期的時空背景

田村氏接任《南瀛佛教》編輯時，距七七事變爆發、日本全面侵華已近三年。對原先揚言要「三月亡華」的日軍來說，對中國的戰事陷入如此僵局是讓他們始料未及的。對中國戰事長期化所帶來的壓力，促使日本展開更進一步的軍事行動。一方面為強化對中國的封鎖，二方面也為獲取作戰不可或缺的工業原料，如錫、橡膠等，日本開始將侵略的步伐擴張到東南亞各國，逐步侵奪歐美各國位於亞洲的殖民地，試圖建立起所謂「大東亞共榮圈」，將東亞地區納入日本帝國的控制。野心擴大的日本，於是在昭和十五年（1940）九月二十七日與兩大法西斯政權——德國、義大利——簽署《三國同盟條約》，組成軍事同盟「軸心國」集團，約定若締約國任一方受到未捲入歐洲戰爭或者中日衝突的國家的攻擊時，應以一切政治、經濟和軍事手段相援助。〔註80〕憑恃著強大的武力，日本逐步邁向與西方列強展開戰爭的道路。

然而一旦日本將戰線往南延伸，綿長的側面將會暴露於美國太平洋艦隊的威脅之下，〔註81〕也就是說，若要獲取東南亞豐富的資源，與美國一戰成為無可避免的選項。1941 年 12 月 8 日日軍決定主動發動攻勢，進行珍珠港偷襲行動，以癱瘓美國太平洋艦隊戰力來爭取佔領南方資源地帶的時間。太平

〔註80〕 Jost Dülffer 著、朱章才譯，《二次大戰與兩極世界的形成：一九四五年二月四日，雅爾達》（台北：麥田，2000），頁 115。

〔註81〕 舒孝煌、耿直，《二戰紀事：會戰 名將 武器 組織》，（台北：麥田，1995），頁 105。

洋戰爭自此拉開序幕。此後數年，日本一方面持續侵華戰爭，另一方面於太平洋戰區與美英諸國進行戰鬥。然而日本憑一國之力對戰眾多國家，初期雖連戰皆捷，但面對幅員廣大的戰場、戰事長時間持續，在在對日本的國力造成巨大的消耗，對常民的生活也造成相當的衝擊。〔註82〕如何鼓動民間源源不斷的獻出熱情、持續支援戰爭，成了日本當局極重要的課題。

昭和十五年（1940）七月，第二次近衛文麿內閣成立，開始積極推動該年六月近衛文麿尚未就任首相時所發起的「新體制運動」。以建設一國一黨、劃一輿論的「國防國家」為目的，禁止所有的結社自由。社會大眾黨、民政黨等既有政黨在此風潮下紛紛宣告解散。10月，作為新體制具體展現，以「實踐臣道」、「謀求上意下達、下意上通」為宗旨的大政翼贊會正式成立。台灣也於同月設置「台灣大政翼贊協力會」等籌備委員會，響應新體制運動。隔年四月「皇民奉公會」在第18任台灣總督長谷川清和台灣軍司令本間雅晴主持下成立。被學者蔡錦堂稱為「台灣版的『大政翼贊會』」的皇民奉公會，同樣是強調以「臣道實踐」為宗旨的國民統合組織，由台灣總督出任總裁，下設中央本部，地方則設有支部，各級組織長官由各級機關首長兼任，將原有的行政組織與皇民奉公會緊密結合，以達到徹底執行的目的。〔註83〕

田村智友接任《南瀛佛教》編輯時正處於新體制運動初興的時期。在此風潮之下，台灣皇民奉公運動也隨之風風火火的展開。統計田村氏任編輯的35期《南瀛佛教》「卷頭辭」，僅8篇非與戰爭、國民精神培養相關，其餘

〔註82〕日本民間傳說中有一種會從水田爛泥中僅冒出上半身，充滿怨念地叫喊著：「把田還來！把田還來！」這樣一種名為「泥田坊」（どろたぼう）的妖怪，據說是從前一個畢生辛勤工作的老人，在他死後遭不肖子孫敗光家產，甚至將田地賣掉，於是老人充滿不甘的靈魂變成了妖怪「泥田坊」。在日本長銷超過二十年的《日本神妖博物誌》一書，是將日本傳說的各式妖怪，進行詳細的分類介紹，類似日本妖怪百科的作品。書中除了介紹「泥田坊」的由來外，還特別提到：「日本在太平洋戰爭中，為了進行軍事建設，許多農地被無情地徵收。反對的農民被逮捕、束手無策的人就選擇自殺，或是變成流浪漢，有許多人都因而不幸死亡。據說它們的怨念也會變成泥田坊而帶來報應。」見多田克己著，歐凱寧譯，《日本神妖博物誌》，（台北：商周，2009），頁199～200。雖然妖怪「泥田坊」僅只是鄉野奇譚，但正因為它是「鄉野奇譚」，才更貼近在國家的大機器底下，最低微的常民們的生活。我們可以從上面的描述中深刻地感受到，太平洋戰爭為日本民眾帶來的，絕非只有表面上勝戰這樣的光鮮亮麗，其中還伴隨著外人難以窺見的、一定程度的痛苦與傷害。

〔註83〕蔡錦堂，《戰爭體制下的台灣》，（台北：日創社，2006），頁89～92。

25 篇〔註84〕皆是在進行諸如「成就天業翼贊、至誠奉獻的日本國臣民之道」〔註85〕的呼籲，或是對於侵華戰爭正當性的宣傳：「這次事變很顯然並不是我國經濟對大陸的進出，更不是彼我兩國的民族爭霸……事變的原因乃是在於他們的領導者錯誤地依靠外國的排日、抗日運動，使其迷夢覺醒，確保本來地位，確立所謂東亞新秩序，即此聖業之意義」〔註86〕。而從 1941 年 12 月 8 日珍珠港事變後，直到田村氏編輯的最後一期為止，《南瀛佛教》卷頭辭則就無一例外的皆是進行援戰的宣傳。如裕仁天皇正式對美宣戰後，1942 年 1 月出刊的第二十卷第一號卷頭辭，就以堅忍悲憤的口吻進行呼告：

> 我帝國一直到最後一刻仍盡力尋求和平解決的手段，防止人類戰爭
> 慘禍之發生……彼等毫無反省之意，也無視於東亞的發展實況，一
> 味地壓迫我帝國，使得我國經濟受到嚴重影響……我所有國民一心
> 一德、殉身報國的時候已經到來了。

在田村氏擔任編輯期間，日軍大致上仍處於戰況極佳的狀態，所到之處幾乎所向披靡。在海上戰鬥部分，偷襲珍珠港行動僅僅兩小時的時間內，美國太平洋艦隊 8 艘戰鬥艦中有 7 艘受到重創或沉沒，許多戰機皆未及起飛即被殲滅於地面，總計損失 188 架，巡洋艦、油船等或被擊沉或擊傷。日本方面則僅損失飛機 29 架及潛艦數艘而已。〔註87〕珍珠港事件後兩天，日軍僅憑海軍航空隊的力量就在馬來半島外海擊沉英國遠東艦隊主力艦「威爾斯親王號」以及戰鬥巡洋艦「反擊號」。而後各次的海戰連戰皆捷，南太平洋的制海權落入日軍之手。陸戰方面，日軍則於宣戰後五個月內連續攻克關島、香港、馬來西亞、新加坡、菲律賓以及擁有油田的荷屬東印度群島——以突破 1941 年 7 月美國對日本進行嚴格的石油禁運困境——日本所描繪的「大東亞共榮圈」至此已屆完成。而日軍戰略的首要目標——征服中國，也在成功攻陷緬甸後，切斷當時中國唯一的國際通道——滇緬公路，對中國軍隊的反抗能量造成重大的打擊。因此田村氏在卷頭辭中意氣風發的宣揚日軍戰績之餘，也不忘提醒警告民眾勿因捷報頻傳而鬆懈：

〔註84〕田村智友擔任編輯的最後兩期：第二十一卷第二號、第三號無存，故此處統計數字僅 33 期。

〔註85〕田村智友，卷頭辭，《南瀛佛教》第 18 卷第 10 號（1940 年 10 月），頁 1。

〔註86〕不著撰者，卷頭辭，《南瀛佛教》第 19 卷第 11 號（1941 年 11 月），頁 1。

〔註87〕舒孝煌、耿直，《二戰紀事：會戰 名將 武器 組織》，（台北：麥田，1995），頁 105～108。

開戰之後的半年內，美英等國勢力已經完全被我們從大東亞地區驅逐出去。世界戰史上，又何曾有過如此輝煌的勝利？

整個戰局的發展已經進入關鍵階段，而武力戰與建設戰很有可能會長期化。因此，我所有國民更應秉持至誠，全心全力奉公，以守住甚至開創更大的戰果。每次一想到皇軍將士在前線的揮汗流血，身在大後方的我們，又如何能不更加奮發、努力呢？〔註88〕

由此也可以看出「藉由日軍輝煌戰果的不斷放送，以維持民眾支持戰爭的熱度」的企圖。

二、屈指可數的故事體作品

在田村智友擔任編輯的《南瀛佛教》後期，如前所述，故事體作品的刊登極少，總計不過三篇而已。其中第一篇是刊載在第十八卷第七號的佛經故事〈勝鬘夫人〉，作者為在台日人作家多田道子。多田道子在此前就陸續有幾篇作品刊登於《南瀛佛教》，如第十七卷第九號的宗教故事〈魚籃觀音故事〉、第十七卷第十號寫被丈夫離棄的傳統女子〈玉里柳香妹的故事〉，以及由第十七卷第十一號起分四回刊載的〈西行櫻〉，是平安時代末期至鎌倉時代初期的僧侶，同時也是著名的和歌創作者——西行法師前半生的故事。多田道子這幾篇行文的特色在於多採詩歌的形式，如〈魚籃觀音故事〉、〈勝鬘夫人〉。另兩篇雖不是採詩歌形式表現，但仍帶有詩歌般多短句、用字遣詞浪漫夢幻的特色。

第十九卷第八號〈慰問部隊〉，作者為青木禪道。故事主人翁是一位因病而不良於行的少年木村正雄。少年正雄生長於四口之家，父親應召入伍服役，正雄與母親、妹妹留守家中。懷抱著報國之志的正雄，對於自己行動不便的雙腳有著深深的憤恨與不甘，即使在校各項成績名列前茅，但正雄仍不時為自己身體上的缺陷而流淚，甚至難以壓抑心中的衝動，將自己賴以行走的松葉杖給敲斷了！事件過後，正雄受到老師的教誨。老師勸告正雄要將心胸放開，就算因為身體上的缺陷而無法從軍報國，仍不可以因此意志消沉，要記得「你是出征軍人的眷屬」，「要使當今的日本更強大、更端正輝煌，你們少年所肩負的重責大任切不可忘。」經過老師的鼓勵與開導，正雄有了很大的轉變，然後著手進行了一項工作：將自己的作文、繪畫等作品做成小書，寄

〔註88〕不著撰者，卷頭辭，《南瀛佛教》第 20 卷第 12 號（1942 年 12 月），頁 1。

送給士兵們作為一種慰問。這個名為「後方通訊」的小書在正雄的朋友間獲得了響應，爭相加入正雄發起的「日之丸」少年報國隊。無法成為軍人的少年正雄，成為了優秀的報國隊的部隊長。

　　1937 年中日戰爭爆發後，作為日本殖民地的台灣也隨之進入戰爭體制。原本「使台灣民眾成為完全之日本臣民」的「漸進的內地延長主義」政策，轉而為更積極的「皇民化運動」。而到了 1940 年，日本執政當局改變原先不介入歐洲戰爭的方針，開始強化與德、義的合作、積極向南方擴張勢力。皇民化運動也更進一步以「皇民奉公運動」的形式接續展開。「運動的內涵也從強調國民精神涵養的皇民化層次，轉為忠君愛國行動實踐的積極化『奉公』層次」〔註89〕——從原先著重精神層面的「化」，到要求實質身體力行、為皇國奉獻犧牲的「奉公」作為。〈慰問部隊〉刊登於昭和十六年（1941）八月，作者青木禪道或許正是希望透過正雄一家，傳達「每個人都能夠盡己所能的做到報國的責任」的訊息。父親在出征時對正雄說道：「雙腳的事不要太在意，爸爸連你的份也做了」。肢體健全的爸爸以「從軍」的形式報國，無法從軍的正雄，則以組織「慰問部隊」，對前線的戰士們提供精神的支持作為報國的方式。而正雄製作慰問刊物「後方通訊」時展現出強烈的支援前線戰士的誠摯心意，也是十分具有感染力：

　　　　雖然是僅僅二十頁左右的袖珍本，正雄卻將它當作至高無上的貴重
　　　　作品、精心傑作，無論一百本也好，二百本也好，只要能做得出來，
　　　　全都想要送給日本的阿兵哥。〔註90〕

文章最後以「迎風招展的鯉魚旗像是在祝福這位部隊長的前途般，在晴空中飄揚著」作結，透露出爽朗而又充滿希望的未來。表面上雖是在指稱故事的主角少年正雄，但其實同時也帶給讀者日軍戰況前景光明的暗示，對民眾的信心有著鼓舞的作用。

　　中間相隔一年，昭和十七年（1942）八月《南瀛佛教》第二十卷第八號刊出〈國民防諜の話〉。〈國民防諜の話〉這個標題雖被譯作〈國民防諜的故事〉，但觀其內容，其實並非故事作品，而是由「防諜協會」所撰寫的國防教育宣導。內容闡述防諜的重要性、介紹諜報活動的手段與方式、國民防諜必須的認知，以及實踐國民防諜應有的實際作為等。

〔註89〕蔡錦堂，《戰爭體制下的台灣》，（台北：日創社，2006），頁 86。
〔註90〕青木禪道，〈慰問部隊〉，《南瀛佛教》第 19 卷第 8 號（1941 年 8 月），頁 30。

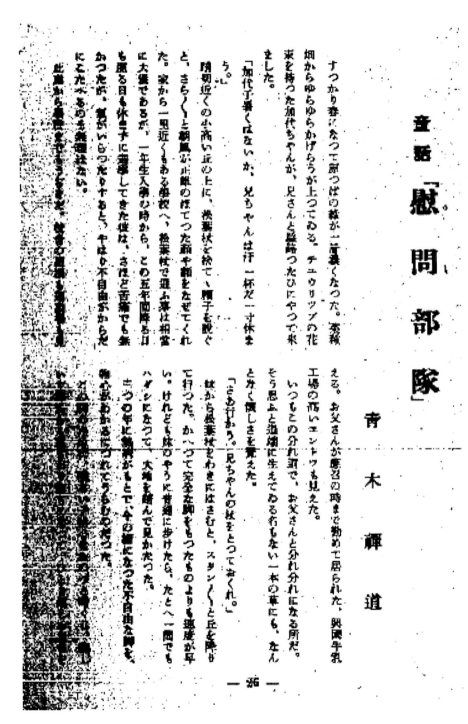

【圖 3-3-1】童話〈慰問部隊〉書影

資料來源:《南瀛佛教》第十九卷第八號,頁26(台北:南瀛佛教會。1941)

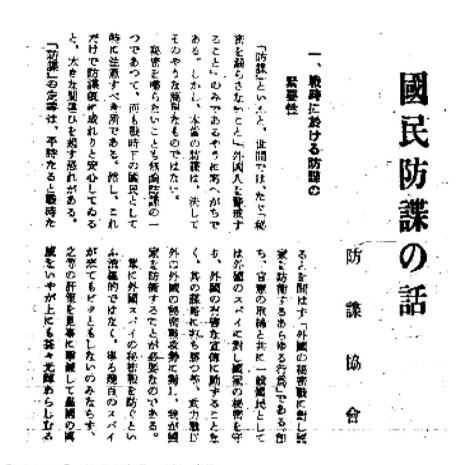

【圖 3-3-2】〈國民防諜の話〉書影

資料來源：《南瀛佛教》第二十卷第八號，頁 25（台北：南瀛佛教會。1942.8）

　　日本自掀起太平洋戰爭後，旋即以狂風暴雨之勢橫掃西太平洋，日軍所
到之處勢不可擋，短短不到半年的時間，整個東南亞即落入的日本的勢力範
圍。直到 1942 年 6 月的中途島海戰，日本勝利的步伐才開始受到遏阻。在此
戰役，日本八艘航空母艦折損了四艘，使得日本再也無力對美國進行大規模
的進攻，而超過一百名訓練有素的飛行員的喪生，更是無可彌補的損失。從
此戰局開始轉為對日本不利。〔註91〕面對日軍戰況轉趨嚴峻，對大後方的鞏
固工作就更顯重要。〈國民防諜の話〉所談的不僅是保密防諜的知能，也反覆
呼籲國民提防敵軍所發動的思想戰，勿受流言迷惑。文中特別提到，敵人對

〔註91〕A.J 巴克（A.J Barker），《中途島海戰：太平洋戰爭的轉捩點》，（台北：星光，
　　　　2001），頁 4。

日本所進行的諜報宣傳，一方面是在國際間對日本作惡意的宣傳，讓世人認為日本是邪惡的國家，降低日本在國際間的信用，另一方面則是在日本國內散播謠言，造成社會不安、動搖，或讓國民彼此之間產生思想矛盾，以打擊民心士氣。在思想謀略方面，則要留心反戰思想的散布或是在殖民地鼓吹反國家思想、唆使殖民地民眾產生獨立運動等等。

文章中提到：「最近某個國家就在對外宣傳，說他們國力多麼堅強、自己的所作所為以及信念多麼具有正義，然後將這種捏造出來的出版品發送給全世界各地」〔註92〕要國民勿受敵國宣傳迷惑、不要被洗腦。然而對照日本政府對他們的國民所進行的，正是同樣的「洗腦」工作，其說詞還幾乎一模一樣！例如在第二十卷第四號卷頭辭中就提到：

> 此次之戰爭，主要之目的便是為了確立亞細亞人擁有自己的亞細亞。過去大東亞共榮圈內的諸國家與諸民族，並未能享有正當的地位。原因則是受到美、英與荷蘭等敵國自私自利的殖民統治與經濟榨取。
>
> 在這些殖民國家的蹂躪之下，東亞諸國家與諸民族想要獲得獨立、做自己的主人，當然是幾乎接近不可能的困難。而我帝國作為這些國家與民族的指導者與盟主，肩上自然有著恢復亞細亞以來面貌的責任。因此，大東亞戰爭可以說也帶給大東亞共榮圈內各國家與各民族無限的喜悅與希望。〔註93〕

而在日本對美宣戰後，「大日本佛教會」對全日本佛教徒發出的檄文也同樣這樣主張：

> 英美兩國既自私又陰險，執迷不悟地援助重慶的殘存政權，引誘弱小國家、助長東亞禍亂，嚴重地妨礙我聖業之達成。他們卻敢宣稱是為了「和平」，才主張東亞維持現狀。事實上，如此一來，東亞豈不是將繼續成為其殖民地，繼續受其剝削、奴役嗎？所以，為了制止英美國家這種獨霸的非分之想，我日本國民身上的責任可以說非常沉重。〔註94〕

〔註92〕防諜協會，〈國民防諜の話〉，《南瀛佛教》第20卷第8號（1942年8月），頁31。

〔註93〕不著撰者，卷頭辭，《南瀛佛教》第20卷第4號（1942年4月），頁1。

〔註94〕大日本佛教會，〈大日本佛教之檄〉，《南瀛佛教》第20卷第1號（1942年1月），頁40。

強調日本為正義之師，此次興兵，是為了將大東亞諸國自歐美列強的殖民統治中解放。像這樣的宣傳自 1937 年中日戰爭開始，在《南瀛佛教》中就大量出現。然而，日本的野心就如司馬昭之心——路人皆知，即使張著正義的大旗，口口聲聲是為了幫助東亞各國掙脫殖民列強的宰制，但是隱藏在道貌岸然的外皮下真正的目的，卻是所有人都心照不宣的一件事。

昭和十七年（1942）五月，第二十卷第五號卷頭辭提到：

> 許多同胞認為只要我們控制了馬來半島與爪哇，就可獲得無數的物
> 資，也就不必再怕英美的經濟封鎖。〔註95〕

第二十卷第八號中根環堂〈興亞國民之心的鍊成〉一文也提到：

> 由於國軍戰果輝煌，我們許多國民便形成一種假象，以為大東亞共
> 榮圈馬上就要成立，一切都能夠順利發展，每個人的生活也會馬上
> 獲得更大的改善，物資充裕，絕不會匱乏。〔註96〕

日本政府對內、對外皆以「正義」為自己的侵略行為進行包裝宣傳，但透過上面兩段文字所顯示的事實卻是，這樣的說詞連自己的國民都欺騙不了！想當然耳就更遑論那些受到日本軍隊鐵蹄踐踏的國家了。Jost Dülffer 在《二次大戰與兩極世界的形成：一九四五年二月四日，雅爾達》書中提到：

> 日本人從一開始就顯露出本身野蠻的掠奪政策。這種掠奪政策雖不
> 像德國那樣，表現為「由上面批准種族主義的滅絕行動」，然而在
> 戰爭之外殺害非軍事人員，也屬於日本的表現形式之一……儘管如
> 此，一旦日本人開始進行反歐洲人的戰鬥，他們就標榜自己是代表
> 亞州反抗數百年之久的歐洲殖民統治……然而在日本占領區，被統
> 治者很快就對此感到失望，日本殘酷血腥的佔領統治，使人們天天
> 親身感受到這種殘酷統治比過去歐洲人的殖民統治更加難以忍
> 受。〔註97〕

〈國民防諜の話〉一文詳細說明了敵方諜報工作可能的操作方式，提醒民眾進行防範，但同時也在其中映照出日本政府對其國民進行相同的洗腦工作，看來顯得格外諷刺。

〔註95〕 不著撰者，卷頭辭，《南瀛佛教》第 20 卷第 5 號（1942 年 5 月），頁 1。

〔註96〕 中根環堂，〈興亞國民之心的鍊成〉，《南瀛佛教》第 20 卷第 8 號（1942 年 8 月），頁 12。

〔註97〕 Jost Dülffer 著；朱章才譯，《二次大戰與兩極世界的形成：一九四五年二月四日，雅爾達》（台北：麥田，2000），頁 111～112。

　　作爲《南瀛佛教》後期主要的編輯者，田村智友在第十九卷第十號的後記中曾闡述自己的編輯理念：「本雜誌的每一頁，都希望以本島的東西來填補，這是編者的無僞信念與願望。」〔註98〕然而懷有如此誠摯的理念，卻還是不敵現實的挑戰。田村曾不只一次表達遭遇原稿來源缺乏、讀者回應少的困境。不同於中期編輯者收羅大量的短篇故事進行刊登，後期依賴讀者投稿，因而近三年的期間，故事體作品僅爲數三篇而已。〔註99〕一篇作品獲得刊登，一方面要有讀者投稿、二方面要經由編輯者挑選，因此雖然爲數不多，但我們仍可以從中看出其所反映的信息。《南瀛佛教》後期，日本對外的戰事進入了一個新的階段，透過〈慰問部隊〉、〈國民防諜の話〉兩篇，可以看出擴大的戰局導致戰爭對民眾生活的影響程度提高，政府也更迫切需要民眾對戰事的支援此一現實狀況。

〔註98〕田村智友，〈編輯餘滴〉，《南瀛佛教》第 19 卷第 10 號（1941 年 10 月），頁42。
〔註99〕若〈國民防諜の話〉不列入計算，則後期故事體作品僅兩篇。

第四章　《南瀛佛教》故事體作品類型分析

第一節　佛經故事

　　《南瀛佛教》作為日治時期台灣重要的全島性佛教刊物，第一卷第一號中就曾明白指出，南瀛佛教會成立的目的之一，就是在於提升台民信徒的智識、「使知佛教之精神」。〔註1〕因此為達成提升會員、甚至是一般讀者的佛學素養這個目標，《南瀛佛教》刊登了不少大師撰寫的佛經講說、佛教以及各大宗派的義理的論說。學術性的宗教相關研究作品也在刊登之列。而除了這些嚴肅正式的文章外，欲達教化目的，含有深遠寓意的「佛經故事」也是不可或缺的一環。

　　用故事講道理的方法，古今中外皆然。就如被譽為全世界流傳最廣的一本書──聖經，其對西方文化的影響深遠自不在話下，書中的故事也早已深深融入西方民眾的生活中，發揮影響力於無形。而佛經中這許許多多的故事，也就是佛陀藉以教導弟子們的精要，引導佛弟子理解深奧微妙的佛法。

　　佛住世說法時，為了使弟子們容易了解某一義理，往往取事比況來說明，以彼喻此，而有「智者因喻得解」之言。〔註2〕佛陀入滅後，佛弟子在大迦葉尊者帶領下，集結佛所說之法、所訂之戒律，以及佛弟子讀經研律心得而為

〔註1〕《南瀛佛教會會報》，第一卷第一號，1923年7月，頁19。
〔註2〕印順法師，《說一切有部為主的論書與論師之研究》，第八章第一節，頁357，
　　　 http://www.yinshun.org.tw/books/41/yinshun41-00.html，瀏覽日期：2015.05.02。

「三藏」〔註3〕，是為首次集結。後幾百年間又經過三次集結，浩如煙海的佛教經典才逐漸完成。其中記錄佛陀所說之法的「經藏」，包含有許多解說義理、闡明因緣的譬喻故事。集結佛所規定之戒律的「律藏」，一般都會以為經中只有繁瑣枯燥的律條，但其中解釋制律因緣的部份其實是生動有趣的譬喻故事。〔註4〕《大智度論》卷三十三曰：「阿波陀那者，與世間相似柔軟淺語也。」阿波陀那，譯為「譬喻」，「與世間相似柔軟淺語」，表示這樣的經典呈現，是世間文藝化的，是通俗而輕鬆的、富有文學趣味的作品，與嚴肅的說教完全不同。〔註5〕這些生動有趣的佛教譬喻文學，不僅是寺廟壁畫、佛塔雕塑以及僧人講唱的重要題材來源，也因其多以人物為主角、篇幅簡短而情節完整，故事趣味性十足，深具感染性，因而成為很好的宣教材料。〔註6〕

　　《南瀛佛教》中所刊載的佛經故事，經筆者統計，共84篇。然而這樣的數量，以《南瀛佛教》作為一部刊行了二十年之久的佛教專門刊物來說，是少得讓人感到意外的。而其中尚有數篇故事是同樣主題重複刊載的，如：長生太子復仇故事刊載過4次、大施太子的故事刊載過3次、阿闍世王故事2次、《百喻經》〈愚人食鹽喻〉2次、出於《法華經》第四品的長者尋子故事，亦刊載了2次。各篇佛經故事刊載卷期、出處以及當期編輯者整理如本書【附錄二《南瀛佛教》佛經故事列表】。〔註7〕

　　由【附錄二】的整理，可以歸納出幾個重點。首先，佛經故事刊登最多的時期，是在曾景來擔任編輯的階段，總計84篇中，佔59篇之多。推測可能的原因，除了曾氏是歷任編輯中任職最久者這個因素之外，筆者認為，曾氏本身對佛經故事的刊載較具熱情也應有所影響。由附錄二中可以看到，在曾氏接任編輯前，就已陸續投稿佛經故事於《南瀛佛教》。由第一卷第一號

〔註3〕佛經分為三藏十二部。三藏為經藏（佛陀所說法）、律藏（佛所規定之戒律）、論藏（佛弟子讀經研律心得）；十二部也稱十二分教、十二聖教，是佛陀所說法，依其敘述形式與內容分成十二種類別：長行、重頌、授記、孤起、自說、因緣、譬喻、本事、本生、方廣、未曾有、議論。

〔註4〕李玉珍，〈佛教譬喻（Avadana）文學中的男女美色與情慾——追求美麗的宗教意涵〉，《新史學》第10卷第4期（1999年12月），頁36。

〔註5〕印順法師，《說一切有部為主的論書與論師之研究》，第八章第一節，頁359，http://www.yinshun.org.tw/books/41/yinshun41-00.html，瀏覽日期：2015.05.02。

〔註6〕李玉珍，〈佛教譬喻（Avadana）文學中的男女美色與情慾——追求美麗的宗教意涵〉，《新史學》第10卷第4期（1999年12月），頁36。

〔註7〕由於「《南瀛佛教》佛經故事列表」所占篇幅較多，為不影響本文閱讀的流暢，因此將之移至附錄。

至第十卷第六號，共刊登過 23 篇佛經故事，其中曾氏所撰就佔了 6 篇之多。
〔註8〕而且曾氏投稿的作品，雖然就是原出於佛經的故事，但並非直接由佛
經抄錄而出，而是經過曾氏自己的轉化，以自己的口吻重新敷寫而成，具有
個人的特色。

曾景來身爲留學日本的新式佛教菁英，對他來說，主要的創作媒介自然
是日語，但雖然如此，曾氏依然具備了一定程度的漢文寫作能力。上述六篇
曾氏撰寫的佛經故事，其中有四篇就是以漢文寫就的。但不同於前期如林述
三等具備傳統漢文素養的撰稿者，曾氏所使用的漢文語體並非文言文或較易
閱讀的淺近文言文，而是偏向以閩南語做爲基礎的口語體漢文，茲舉例如下：

> 王「今我要脫衣入浴，你就拿著我的王冠衣服，去叫毘多輸柯穿著
> 一看，而且喊他登個王位，試看一看吧！」……王子也沒有抱著怎
> 麼意思，沒客氣就穿著了王服，情像帝王一樣，坐著了玉座底時候，
> 王從浴房出來，看著這般光景，就開口向著王子道：
>
> 王「呵！吧了！我還健在，你就要著個王服坐個王位，可不是要我
> 及早死去底意思嗎？吧了！早的好！我先要賜你一個殺頭死罪
> 吧！」〔註9〕

上段引文中毘多輸柯王子「沒客氣就穿著了王服，情像帝王一樣，坐著了玉
座」、阿育王「從浴房出來，看著這般光景」很明顯是閩南語的語法。再如講
述長生太子復仇故事的〈舍衛城中一椿事〉，長壽王因不願掀起戰事而攜妻兒
棄國而走，將國家拱手讓給暴逆的梵摩王：

> 有一時長壽王不知不覺地踏到舍衛城下來，因此生起禍本……「大
> 王呀！事情不好了！諒必你也還沒有忘卻了長壽王吧！」梵摩「唉！
> 我還記著的，有怎麼的變事哪？」劫比「大王！現在他大膽到我們
> 的城下來了，要怎麼樣去取締他呢？」〔註10〕

「有一時」、「踏到舍衛城下來」、「諒必」也都是閩南語的用法。

〔註8〕第 7 卷第 2 號〈毘多王歸佛因緣談〉、第 8 卷第 6 號〈長壽王物語〉、第 8 卷
第 10 號〈佛陀與羅睺羅〉、第 9 卷第 9 號〈舍衛城中一椿事〉、第 10 卷第 4
號〈阿闍世王歸佛因緣〉、第 10 卷第 5 號〈佛陀底出家〉，共六篇。在曾氏任
編輯後另有一篇〈人爲財死鳥爲食亡〉刊登於第 11 卷第 8 號，也是出於《南
傳本生經》的佛經故事。

〔註9〕曾景來，〈毘多王歸佛因緣談〉，《南瀛佛教》第 7 卷第 2 號，頁 71。

〔註10〕曾景來，〈舍衛城中一椿事〉，《南瀛佛教》第 9 卷第 9 號，頁 37。

　　由曾氏以「融入許多閩南語語法、用詞」的漢文來重新傳抄佛經故事，投稿於《南瀛佛教》並獲得刊登的狀況，可以看出《南瀛佛教》在語言工具上不拘泥墨守的特質。

　　如本研究第二章第二節的分析可知，《南瀛佛教》前期的編輯工作主要是由傳統文人林述三所擔當。然而即使如此，在來稿的選刊上，並未因為編輯者本身擅長傳統漢文，而對讀者來稿有所限制。《南瀛佛教》初創刊時，刊物內容全以漢文為主，直到第四卷第四號起才增設日文欄，並規定日文欄投稿作品「限論說」。在此前對於各方投稿唯一的限制就是，若為漢詩作品，則需具備一定的水準：

> 尚祈關于佛教之小說或論文漢詩等，不吝珠玉，惠我佳稿，是敝會不勝光榮也。但詩詞一則，倘若平仄不和、韻字失拈、成句失當，或詩意汎濫、來稿不明、盜用他人之句，不足諷誦等之詩，難以為刊，故之特此，示為寄稿之諸大方君子知焉。〔註11〕

擔任此時期編輯的林述三素有「稻江詩界之通天教主」之稱、又常被各地詩社邀請擔任詞宗，對漢詩有較嚴格的要求也是當然。而《南瀛佛教》增設日文欄後，徵稿啟示就更進一步表示「倘有關於佛教之論文小說，不拘文言白話，均同歡迎投稿」，甚至在第五卷第四號的〈編輯啟事〉中提到，讀者反映《南瀛佛教》所刊文章「文義妙奧莫釋者居多」，因此呼籲投稿者「對於此後投稿，務以白文，或新聞記事文抑普通文字，一見使可得瞭然為盼」。〔註12〕昭和三年（1928）6月《南瀛佛教》第六卷第三號中更刊登了讀者麗珍投稿〈新舊文學之比較〉一文，站在支持白話文的立場發聲。文末林述三進行了點評，認同此文的理念，認為「學問之道不尚艱深」、「要之普及為佳」，〔註13〕顯示《南瀛佛教》在創作工具方面的立場，是以「裨益傳布」的實用功能為出發。

　　1930 年代島內爆發的鄉土文學與台灣話文論戰，其中一派支持建設台灣話文，主張台灣文學要能言文一致，「始能表達台灣人的情感、思考及生活」。

〔註11〕不著撰者，〈雜報·會報第二卷第二號發刊〉，《南瀛佛教》第 2 卷第 2 號（1924年 3 月），頁 32。

〔註12〕不著撰者，〈雜報·編輯啟事　一〉，《南瀛佛教》第 5 卷第 4 號（1927 年 8月），頁 56。

〔註13〕朮參點評麗珍〈新舊文學之比較〉，《南瀛佛教》第 6 卷第 3 號（1928 年 6 月），頁 47。

〔註14〕曾景來創作這幾篇佛經故事的時間點雖與論戰十分接近，但最早的一篇〈毘多王歸佛因緣談〉卻是刊登在昭和四年（1929）3月出刊的《南瀛佛教》第七卷第二號，時間早於黃石輝昭和五年（1930）8月在《伍人報》上發表的〈怎樣不提倡鄉土文學〉一文。因此可以推測，曾氏如此的行文風格，應該不是受「建設台灣話文」的運動所催發，而是個人的寫作習慣所致。

關於《南瀛佛教》所刊載佛經故事的特色，筆者再以【附錄二】為基礎，另外將這84篇故事的出處做一整理：

【表4-1】《南瀛佛教》佛經故事出處統計表

出處	篇數	出處	篇數	出處	篇數
《雜譬喻經》	18	《經律異相》	3	《大寶積經》	1
《百喻經》	13	《佛說譬喻經》	1	《大智度論》	1
《大般涅槃經》	4	《舊雜譬喻經》	1	《有部毘奈耶卷》	1
《賢愚經》	4	《佛說觀無量壽佛經》	1	《盧至長者因緣經》	1
《佛說長壽王經》	4	《文殊師利問經》	1	《瓔珞經》	1
《法句譬喻經》	3	《阿育王譬喻經》	1	《佛說九色鹿經》	1
《法華經》	3	《阿育王經》	1	《分別功德論》	1
《法苑珠林》	3	《南傳本生經》	1	《勝鬘經》	1
《雜寶藏經》	2	《法句經》	1	佛陀生平故事	3
《增壹阿含經》	2	《雜寶經》	1	未知出於何經典	2
《大莊嚴論經》	2	《雜阿含經》	1		

資料來源：《南瀛佛教》第一卷第一號～第二十一卷第十二號（台北：南瀛佛教會。1923.7～1943.12）。

說明：除少數幾篇在《南瀛佛教》刊載時已有敘明故事出處外，其餘未敘明出處者，筆者於故事中摘取關鍵字於網路搜尋、比對，同時也閱覽佛經故事相關書籍進行查找。

由上表可看出，《南瀛佛教》所刊登的佛經故事，出自於《雜譬喻經》者最多，其次為《百喻經》。這兩部經典皆被歸於十二部經（又稱為十二聖教，見前註3）的第七類，譬喻之部，但由內容觀之，《雜譬喻經》和《百喻經》其實有

〔註14〕陳淑容，《一九三○年代鄉土文學／臺灣話文論爭及其餘波》，頁108～109。轉引自陳培豐，《想像和界線──臺灣語言文體的混生》，（台北：群學，2013），頁131。

很大的不同。《雜譬喻經》收錄的大多是「如來隨時方便四說之辭」，是根據佛所說之法或是佛的事蹟寫成。佛的十大弟子，如智慧第一的舍利弗、神通第一的目犍連、頭陀第一的大迦葉、多聞第一的阿難、甚至是佛陀本身都經常出現在故事中。而《百喻經》則是後人根據民間傳說或由其他經文中的故事加以演繹而來，主角多為虛擬，各則故事通常以「昔有一人」、「譬如有人」作為展開，佛菩薩與諸天人等並不出場。〔註15〕

譬喻故事在佛教經典中的意義在《大智度論》卷三五中說得十分明白：

譬喻，為莊嚴論議，令人信著故……譬如登樓，得梯則易上。復次，一切眾生著世間樂，聞道德、涅槃，則不信不樂，以是故以眼見事喻所不見。譬如苦藥，服之甚難；假之以蜜，服之則易。〔註16〕

就像登樓，有了樓梯就可輕易的拾級而上。譬喻故事就像一級一級的階梯，引導人們有次第的、一步一步的理解佛法，信因果業報、遵行戒貪、離欲，追求智慧成長、涅槃解脫。例如〈木彫美人〉故事中，木師雕出栩栩如生的美人欺騙畫師，畫師不甘受騙，在牆上畫出自己上吊自盡的模樣來嚇人，報復木師的欺騙，兩人因此體悟到世人互相欺騙的可怕，於是捨去世俗的一切而出家修行。這個故事在昭示人們，世間種種色聲香味盡是虛空，唯有修行可以幫助自己解脫於此，獲得真正的智慧。〈藝人與牛（伎兒作種種伎喻）〉中，樂師連續三天三夜演奏的毅力，逼得原先想賴帳的吝嗇財主受不了，最終只能將原先答應的報酬付給樂師，以打發他離開。佛陀藉由這個故事告誡弟子們，想悟道就不可害怕要花費很久的時間，若精進得夠專心，也能提早達到目標。藉此來鼓勵弟子能更堅定的修行。而〈善報來（醫師治大王病之喻）〉則是在說明信得夠深，善報自然就會前來。當人們看到很大的善報後，反而會後悔自己之前沒有更精進，以求更大的福報。惕勵弟子持續精進。《南瀛佛教》中刊登的譬喻的佛經故事，就是像這樣，用簡單的故事、生動的情節來教化佛弟子，或了悟佛理、或點醒癡迷、或升起修行的信心。

而在這84篇佛經故事中，除了譬喻故事外，另有藉由本生故事、因緣故事來說明因果業報的道理、世間的無常、布施的殊勝、乃至於舉出精進修行

〔註15〕王文元，《佛典譬喻經全集》，（四川省：重慶出版社，2009），序。

〔註16〕轉引自印順法師，《說一切有部為主的論書與論師之研究》，第八章第一節，頁 368～369，http://www.yinshun.org.tw/books/41/yinshun41-00.html，瀏覽日期：2015.05.02。

的典範，使聞者升起大信。例如多次刊登的長生太子復仇故事，一開始執著於復仇的長生太子，就是佛陀十大弟子之一的阿難尊者的前生，長壽王即佛陀前生。佛陀藉由此故事開解眾弟子：「菩薩求道勤苦如是，至見賊害無怨恚之心」。出於《雜寶藏經》的〈清淨的善心〉一篇，則是藉由貧女誠心布施終成為皇后的故事，說明布施的殊勝功德。

　　《南瀛佛教》歷經二十年寒暑的刊行，期間所刊登的佛經故事數量著實不多，筆者推測，或許因為「本誌以會員之智德涵養為主要目的」〔註17〕這樣的創刊理念，因此較偏重「論說」文類的經營，相較之下對佛經故事的刊載就顯得較為單薄。佛經故事的作用傾向於信仰的觸發與信仰的深化，而當時台灣佛教界的問題並非民眾信仰不夠深刻──教徒中能堅持長期持齋的人所在有多，顯示台灣佛教徒的信仰是足夠深刻的──但「信徒智識低下」，以及信仰中混雜了民間宗教而「非正信」的問題，才是南瀛佛教會，乃至執政當局希望加以改進的部分。或許因此才會出現，在長達二十年間，僅有84篇佛經故事獲得刊載的狀況。

第二節　神仙怪異

　　在前一節筆者試著整理了《南瀛佛教》所刊登的佛經故事，發現以《南瀛佛教》刊行二十年、共計發行一百九十六期視之，佛經故事的刊登量可謂不多。本節則擬從同樣帶有宗教性質的「神仙怪異」類作品進行整理分析，檢視其內涵傾向。

　　首先須釐清的是，何謂「神仙怪異」？筆者將其定義為故事中出現有「神仙」（如〈色即是空〉的洞庭君）、「鬼」（如〈貪財冤死果報〉中抱恨自縊的富孀變為冤魂）、「精怪」（如〈伐木之精〉中作祟殺人的神木）乃至「怪異難解」之事（如〈長崎的電話〉故事中，某商店主人接到長崎弟弟來電，表示自己生病了，但其實長崎到京都的電話在當時並未開通，當店主趕到時弟弟早已過世，而其弟死亡的時間正是店主接到電話之時）。像這類透著神異氣息曖昧難解的故事，皆將之歸於「神仙怪異」作品。經筆者整理，共計43篇，見本書【附錄三《南瀛佛教》神仙怪異作品列表】。

〔註17〕江木生，〈回顧南瀛佛教誌創刊十週年〉，《南瀛佛教》第 11 卷第 7 號（1933年 7 月），頁 87。

　　由【附錄三】觀察，這43篇屬於「神仙怪異」類作品，主要刊登於前期
——林述三編輯時期，以及中期——曾景來編輯時期，因此本小節對於「神
仙怪異」類作品的討論，也將分為這兩個時期進行討論。

一、林述三時期之神仙怪異作品

　　日治時期總督府曾多次對台進行舊慣宗教調查，〔註18〕發現台灣舊慣宗
教雖主要可分為儒、釋、道三教，但實際上三教卻是呈現混融狀態。增田福
太郎在《臺灣の宗教》一書中就曾言及，台灣的舊慣宗教主要是明清時期隨
移民而傳來，繼承了華南原鄉的傳統。「儒教」作為道德及文學思想的傳承，
為統治階級或文人們所遵奉。「道教」則是老子道家思想的降格變形，滲入民
間信仰後，不重思想而偏重實行，成為以仙術或魔／幻術為主的宗教。而佛
教方面，增田氏認為一般民眾僅在形式上信奉而已，而非在實際內涵上的信
仰。〔註19〕增田氏並以下圖來示意台灣人原有宗教的情況：〔註20〕

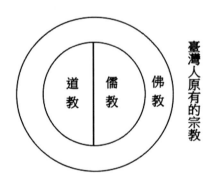

【圖4-1】增田福太郎「臺灣人原有的宗教」圖示

〔註18〕領台之初的軍政時期，對台灣進行的調查稱為「機密報」，其中即包含有台灣
　　　　舊慣宗教的紀載。及至後藤新平接任台灣民政長官，秉持生物學的原則推動台
　　　　灣的舊慣調查，在「臨時台灣舊慣調查會」的調查下，日本統治當局對於台灣
　　　　舊慣寺廟的運作狀況有進一步的掌握，而舊慣寺廟中諸多不成文的慣習也在此
　　　　階段獲得法制化的定位。1915年西來庵事件的爆發，促使總督府針對舊慣宗教
　　　　展開全島性的調查，以《臺灣宗教調查報告書》（第一卷）做為總結的成果發
　　　　行。1929年增田福太郎來台對舊慣宗教進行研究，是繼丸井之後的第二次宗教
　　　　調查，針對各舊慣宗教的歷史、教理、教團組織與經濟進行進一步了解。詳細
　　　　研究可參見林佩欣，〈日治前期台灣總督府對舊慣宗教之調查與理解（1895～
　　　　1919）〉，（台北：國立政治大學史學研究所碩士班，2003），頁127～130。
〔註19〕江燦騰主編；增田福太郎原著；黃有興中譯，《臺灣宗教信仰》，（台北：東大，
　　　　2005），頁96～97。
〔註20〕江燦騰主編；增田福太郎原著；黃有興中譯，《臺灣宗教信仰》，頁96。

資料來源：江燦騰主編；增田福太郎原著；黃有興中譯，《臺灣宗教信仰》，頁96，（台北：東大，2005）

吳敏霞在《日據時期的台灣佛教》一書中也提到：「當時台灣佛教還是一種形式上的信仰，一種帶有濃厚民間信仰色彩的隨意化的信仰。」〔註21〕可見此觀點受到研究者們認同。

而傳統漢學素養深厚的林述三，一方面身為服膺孔孟學說的儒者，一方面作為虔誠的佛門子弟，其所持的宗教觀正是日治時期儒教徒所持的「儒佛同源」、「三教合一」觀點。〔註22〕作為《南瀛佛教》初期的主要編輯者，林述三即在多期卷頭辭中闡述了相關的概念。例如第三卷第四號的卷頭辭：

> 銷人心之鋒鏑，剪世道之荊榛。柔能勝剛，剛能互用，使之純然晏然，
> 爽然陶然，嘔嘔然，煦煦然，而至於嬉嬉然。無相戕賊者，其惟此一
> 之旨乎。一者何不二也，儒道釋皆從這裏出。末世之澆漓，都為這個
> 不善提醒。是故豎節竿之日影，卦廣座之幢鈴，三家合體，為之吹之
> 噓之呼之吸之，匡之直之，輔之翼之而殷勤于為己也。〔註23〕

林氏認為三教宗旨是一致的，「儒道釋皆從這裏出」，而遍行教化，也須「三家合體」，共同為之「吹之噓之呼之吸之，匡之直之，輔之翼」而收其效。另外在第四卷第六號卷頭辭中，林氏又舉了個小故事作為例子：一群人爭渡船，男女老少互不相讓，即使船已滿載，人們仍一勁的爭上，「不至傾覆不已」。當中只有一個讀書人以及一個遊方僧不爭與為伍。故事到這裡，林氏下了個結論：

> 斯可知今之世非儒不可教育，非佛不可勸化。〔註24〕

可看出對於儒釋二教的認同。而在林氏編輯期間，自第三卷第三號開始至第七卷第三號止，共分十八期連載註解道教經典的文章〈太上老君清淨經〉。在首次刊登時，林氏即在文末附註：

> 述三曰道理則一也，為分畦徑，教法一同也，不論賢愚。儒有中庸

〔註21〕吳敏霞，《日據時期的台灣佛教》，頁20。

〔註22〕關於日治時期儒教徒具有「儒釋同源」、「三教合一」的宗教觀念，在《鳴鼓集》中可看見眾多例證。且不僅儒者，佛教方面也可看到這樣的主張。相關討論請參見翁聖峰，〈《鳴鼓集》反佛教破戒詩歌的意識與內涵〉，《臺灣古典文學研究集刊》第二號（2009年12月），頁334。

〔註23〕怪星，卷頭辭，《南瀛佛教》第3卷第4號（1925年7月），頁1。

〔註24〕苓草，卷頭辭，《南瀛佛教》第4卷第6號（1926年12月），頁1。

易經等，佛有金剛楞嚴心經等，道則道德經逍遙遊參同契黃庭經等。

儒曰貞一，道曰精一，佛曰三昧，總而言之，共一般作用。〔註25〕

在其後續刊時，亦在文首或文末加註「此經本非合刊於本報，因其道理微微，略有可見，故特採入報上、以為學禪者參考之」，〔註26〕顯示出林氏認為道教思想與佛教思想，根本的道理是相同的，可互為參酌。在林氏所創作的小說中也可看出這樣的傾向。雖以佛教思想為宗，但也可以看到儒、道元素在其中的影響。其中最為明顯的是〈色即是空〉這一篇。

〈色即是空〉故事中，主角伍鈺自幼即顯出特異之處，出生時仍記前世事，長大後遇一異僧，看出伍鈺具慧根而勸其出家，但伍鈺以「父母未有後」之故，認為自己應以「半儒半僧」為宜。而後隨故事發展，伍鈺與其父在異僧的帶領下拜訪了仙人「洞庭君」。由洞庭君與異僧之間的對話中可知，這一僧一道的情誼深厚，並未因信仰不同而有所扞格。例如洞庭君見僧人來訪，謂僧曰：「道兄自歸依佛，為佛勤勞渡世，甚足使人欣慕」；異僧在洞庭君吹笛演奏後，讚曰：「倘儒家之宣聖如在，亦當三月不知肉味也」儒釋道三家在此呈現水乳交融之勢。而異僧的弟子——小尼妙空兒，在故事後半出現時，卻是奉了洞庭君之命、持洞庭君所贈之寶劍，前來除妖。到了故事最後，主角伍鈺證果，伍鈺之父、母及弟弟在修行之後，則以「飛昇」——亦即「成仙」——作終。即便故事以佛家語「色即是空」作為標題，但在其中，佛、道的界線卻似乎不是那樣判然的。〔註27〕

〔註25〕林述三點評，仲誠，〈太上老君清淨經〉，《南瀛佛教》第 3 卷第 3 號（1925 年 5 月），頁 9。

〔註26〕編輯者聲明，仲誠，〈太上老君清淨經〉，《南瀛佛教》第 4 卷第 2 號（1926 年 3 月），頁 5。

〔註27〕在曾景來編輯時期，曾刊登「中華因果錄」故事，其取材有出於明代《見聞紀訓》者，如第 15 卷第 1 號〈貪財冤死果報〉，也有街頭巷議的因果報應故事。其中〈誦大士聖號避怨鬼〉一篇也呈現佛道混雜、流通的特質。這則背景為中國河北的故事，敘述道士李瑞兒時與同伴一同戲水，但同伴卻不幸溺斃，此後其冤魂便一直糾纏李瑞。李端深以為苦，嘗往美成寺為僧人傭、又往保安寺為道人傭，仍無法擺脫冤魂糾纏。有一天，暫住於保安寺之某塾師指點李瑞持齋、誦觀音經，乃成功擺脫此一困境。後李瑞出家為道士，除早晚誦道士經典外，仍念觀世音聖號不輟。見不著撰者，〈誦大士聖號避怨鬼〉，《南瀛佛教》第 15 卷第 2 號（1937 年 2 月），頁 33。我們可以在故事中看到，不管僧人抑或道士，皆住於「寺」中，而故事主角李端早年或為僧人傭、或為道士傭，對他來說似乎也無所差異，而最後李端即使做了道士，卻依然常念觀世音聖號。佛門、道教，在此顯得如一家般，無甚分別。台灣宗教相關

二、曾景來時期之神仙怪異作品

　　林述三卸任後，台中佛教會館住持林德林、駒澤大學派佛教菁英陸續接掌了《南瀛佛教》編輯工作。日治時期台灣的民間信仰被視爲是佛儒道的綜合產物，而若單就佛教而言，台灣傳統佛教型態是禪淨雙修，然而正統佛教道場並不多，甚至帶有濃厚巫術性成分。〔註 28〕《南瀛佛教》第十三卷第八號卷頭辭中就曾言及，由於這些舊慣宗教都已相互混合，個別的色彩並不濃厚，「喪失其色彩反而令人覺得墮落，因此其信仰常被抨擊爲迷信或邪信」。因此這些深受日本佛教薰陶或影響的菁英們開始提出「正信」的呼聲，反對舊慣佛教神佛不分的狀況。林德林編輯的第八卷第一號卷頭辭就提到，希望總督府的第二回宗教調查能用「徹底神佛分離」的方針進行指導，並強調，南瀛佛教會成立目標的其中一項，正是落實「神佛分離」。〔註 29〕此後，《南瀛佛教》中開始出現較明確針對「反對迷信」的文章或相關報導。例如李添春、高執德編輯時期，「教界動靜」或「雜報」、「雜俎」欄位經常刊登台灣各地所發生「迷信」導致的愚行或事故的事例，並加以評判。曾景來接任編輯初期也延續此一作法，收集、刊登這些「迷信」的事例，供讀者深省。

　　然而即便如此，在曾景來編輯期間卻還是刊載了一些帶有迷信色彩的「神仙怪異」故事。例如「中華因果錄」中不少冤魂索命、爲惡者投生牲畜之類的故事，或是「傳說集」、「奇談集」中精怪作祟的作品等。這其中是否有矛盾之處？又或者這僅是顯示出對於「迷信」認知的差異而已？

　　在第十一卷第九號雜報欄中，刊載了一則標題爲〈迷信致禍〉的訊息，內容提到高雄老嫗洪某生病卻不就醫，而是延請乩童紅姨來做法以求病癒，結果則是費了重金又賠上性命。洪婦死後其家人依然未見醒悟，僅認爲是「鬼神難救無命之人」。文末感嘆迷信至斯，應以爲誡。〔註 30〕這則報導是站在文明啓蒙的立場，批判生病卻不循正確的、科學的途徑就醫，反而尋求神靈加持護佑，因而招致損害，這樣的迷信行爲的不足取。然而再看到第十五卷第二號「中華因果錄」所刊載的另一篇作品〈祈佛兩次獲救〉（作者蓮舌），內

　　　　研究皆認爲，台灣傳統宗教佛儒道混雜的情況，是受到中國原鄉的影響，比較源自中國的〈誦大士聖號避怨鬼〉與台灣傳統文人林述三所創作的〈色即是空〉，或可見其端倪。

〔註 28〕江燦騰，《臺灣佛教史》，（台北：五南，2009），頁 70。
〔註 29〕不著撰者，卷頭辭，《南瀛佛教》第 8 卷第 1 號（1930 年 1 月），頁 5。
〔註 30〕不著撰者，〈迷信致禍〉，《南瀛佛教》第 11 卷第 9 號（1933 年 9 月），頁 44。

容是記老僕康祥之子病重將亡，蓮舌憐其處境，因而向佛祈求，而後康祥之子言有身金色之人來，按其腹，次晨康祥之子果病癒。文中有一段，在其子漸癒時，康祥問是否仍需服醫生所開處方？蓮舌言：「有佛護佑、庸醫方何足取耶？」亦即在這則故事裡，反而是鼓吹以神靈的神秘力量凌駕科學的醫療行為。以前後兩則相較，其矛盾十分明顯。至於為何會有如此情形呢？這可以曾氏對於「迷信」的立場來加以說明探討。

儘管出發點並不相同，日治時期總督府與台灣知識分子所領導的文化團體，在「破除迷信」的議題上似乎有著一致的共識。然而若深入探究則會發現，總督府所界定的「迷信」其實也並不等同於諸台灣文化運動者眼中的「迷信」標準。總督府主要著眼於國家統治的利益考量，因此對於台灣舊慣信仰並不一定全然以「文明」觀點而全盤加以排斥。〔註31〕例如丸井圭治郎就主張「若無害於社會國家、能安個人、而具有教訓的，或神祕的詩的情操之種類，不必排斥，且於治安上可以利用。」〔註32〕然而諸台灣文化運動者雖同樣強調「近代文明」的重要性，但卻逐漸走向無神論，對台灣傳統民間信仰採取完全否定的態度，在「破除迷信」的議題上與總督府呈現各唱其調的狀況。〔註33〕

而曾景來在此議題的立場則應是與總督府一致的。在《南瀛佛教》第十一卷第六號的卷頭辭中，曾氏有一段這樣的主張：

> （本島民眾）其信仰是倫理性的，但也帶有功利性、利己性，因此可說是徹底地著重現實的。其中不符衛生的、違背教育的、違反道理的事項不少，但也有許多是有益風俗教養的，對修養有所貢獻的。……批判、論研宗教之舉，對宗教界來說是值得慶賀的事情。可是，只知道單純地否定、排斥在來的信仰，這種做法是值得商榷的。宗教既然是人生不可或缺的要項，我想大概是不可能將它全然地廢棄。〔註34〕

〔註31〕李季樺，〈台灣「常識」的考察——1920～1930年代初「迷信」的分析〉，《台灣風物》52卷2期（2002年6月），頁67。

〔註32〕丸井圭治郎著，曾景來譯，〈臺灣宗教序論〉，《南瀛佛教》第12卷第2號（1934年2月），頁25。

〔註33〕李季樺，〈台灣「常識」的考察——1920～1930年代初「迷信」的分析〉，《台灣風物》52卷2期（2002年6月），頁67。

〔註34〕曾景來，卷頭辭，《南瀛佛教》第11卷第6號（1933年6月），頁1。

而《南瀛佛教》第十三卷第八號的卷頭辭中也提到：

> 本島的舊習信仰中也許必然有很多需要改善的地方，但我認為其信
> 仰不應該輕易地被抨擊，而且，有信仰的人士大多是善良的國民，
> 一般公認這些人鮮少成為社會上或者國法上的大罪人，並且，若能
> 善得其指導與統制，則對國家社會的裨益之處甚大。〔註35〕

對於迷信持同情理解的態度，同時也認為信仰——即使是被認為是「低級」
的民間信仰——亦有其安撫人心、安定社會的功效。因此身為駒澤大學佛教
菁英，曾氏持科學、理性的態度反對迷信，但在裨益教化的觀點上，對於「迷
信」卻也存有一定的寬容。因此〈祈佛兩次獲救〉故事雖屬迷信之流，但由
另一方面來看，卻也是強調佛陀的慈悲與佛法的威能，有鼓吹信仰的作用。
而其他「神仙怪異」故事，有講說因果報應、有闡述「處世不可逾越本分」、
有標榜行善，其傳達的主旨皆有助於社會教化。因此在反對迷信的同時，這
些「宗教關係的奇聞怪事等等之材料」〔註36〕卻也同時為曾氏所接受、並加
以刊登。

第三節　名人逸聞

本研究第三章第二節已有提到過，《南瀛佛教》中期的短篇故事集以人物
逸聞為故事的大宗。本節將更進一步，針對中期為數龐大的短篇故事集中的
「名人逸聞」進行討論。

經筆者過濾整理，屬「名人逸聞」的作品總計 148 篇。〔註37〕這些故事的
主角或近世或古代，皆是歷史上知名的人物。本節依據故事主角的國別、身分
進行統計分析，以顯現《南瀛佛教》在名人逸聞故事的選刊上呈現之特色。

在國別的統計部分，全部 148 篇中，故事主角為日本人者共 114 篇、美
英等歐美國家 21 篇、中國 10 篇、印度 2 篇、俄國 1 篇，其中印度與俄國篇
數少，筆者直接將兩者歸於「其他」類。以百分比表示如下表：

〔註35〕不著撰者，卷頭辭，《南瀛佛教》第 13 卷第 8 號（1935 年 8 月），頁 1。
〔註36〕曾景來在第 11 卷第 2 號的編輯後記中提到「凡關於寺廟、佛堂、寺廟等之沿
　　　　革、或會員互相間所往來之佛事的通信、或消息、及其他宗教關係的奇聞怪
　　　　事等等之材料、為教界的光明、祈望多多寄到本會編輯係。」見《南瀛佛教》
　　　　第 11 卷第 2 號（1933 年 2 月），頁 56。
〔註37〕見本研究【附錄四】。

【表 4-3-1】《南瀛佛教》名人逸聞故事主角國別統計

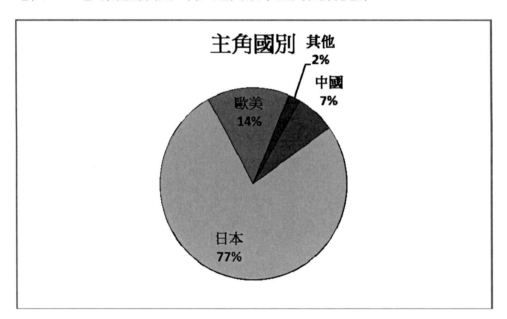

由上表可以看到，其中日本人佔了壓倒性的多數，占百分之七十七的高比例。

　　本研究第三章第二節曾討論過，中期的短篇故事集有以「人物逸聞」為大宗的現象。而那些故事的主人翁，不論貧富貴賤，分析其所屬國別，也是以日本人佔了絕對多數。筆者認為，這些人物逸事的傳播，呼應了總督府的同化政策。透過人類與生俱來的「對名人、能人的崇拜心理」，吸引讀者的目光，除了有助於善良風俗的宣揚、良好品德的培養外，另一方面也有助於國族崇拜的建立。本節剔除名不見經傳的小人物，單就「名人」逸聞加以整理，毫不意外的發現，其中日本人所佔的比例果然還是高居不下，可與本研究第三章相互應證。

　　在故事主角的時代方面，所取材的人物含括古今，以義大利為例，有文藝復興時代的大師米開朗基羅，也有當時代的獨裁者墨索里尼；日本方面，有鎌倉時代的高僧、戰國時代的武將、也有大正時期的政治家。然而出自中國的故事卻很不一樣，清一色都是十分久遠的古人，如孔子、介子推、歐陽修等，基本上都是些多數人耳熟能詳的故事，當代人物，即便是時代稍近的，則連一個也無。關於這一點，筆者認為這應是編輯者有意為之的結果。畢竟對於當時的台人而言，中國是血濃於水的祖國，日本當局在太平洋戰爭戰事緊迫之初仍不願徵召台人投入戰鬥，正也是基於這樣的顧忌。因此刊物上若引介當時代或是

清代中國人物的懿行佳範，有勾起台人對祖國的孺慕與嚮往之疑慮，因此篇數原就不多的中國名人軼聞，更被侷限得只剩下些老生常談的故事了。

　　接下來再就故事主角的身分，區分成「政軍人物」、「藝文人士」、「宗教人士」、「其他」四個類別進行統計。其中「政軍人物」指政治、軍事相關人員，「藝文人士」包含學者、畫家、詩人、演員、樂師等身分，「宗教人士」為僧尼，「其他」則包含商界人士、醫師、運動家等。統計結果如下：

【表4-3-2】《南瀛佛教》名人逸聞故事主角身分統計

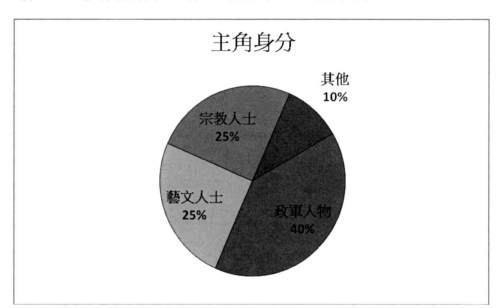

在身分統計上，《南瀛佛教》所刊登的名人逸聞故事，以政軍人物最多，共59篇，占百分之四十的比例；僧尼、藝文人士各37篇居次，各占全部篇數的百分之二十五；「其他」身分則有15篇，占全部百分之十。

　　至於各類別名人逸聞所反映的主題是否有所偏重呢？首先在在宗教人物方面，此類的名人逸聞大多是傳述古今大師們在修行上所展現的堅毅精神。例如日本寬永年間（16世紀至17世紀初）的淨土宗高僧祐天僧正，兒時為了求得修習佛法的智慧而發願斷食，期間經歷種種艱難險阻，祐天僧正仍以堅強的信心與非凡的毅力克服，終於成就了大智慧。〔註38〕江戶前期的曹洞宗畫僧風外慧薰，即使已是名聞天下的高僧，仍過著粗衣惡食的雲水生活。有

〔註38〕不著傳者，〈不動之利劍〉，《南瀛佛教》第16卷，第06號，頁34～44。

眼不識泰山的民眾態度輕蔑的布施給他粗劣食物，大師也不以為忤，仍然很歡喜的享用。這樣視色身為無物的境界，很能夠勾起讀者景仰的情緒。〔註39〕再如鎌倉幕府時代華嚴宗高僧明惠上人，弟子們為表達對上人的敬愛，在備膳時會特別用心調理上人喜歡的雜炊。有一日弟子又準備了雜炊，上人歡喜的準備享用時，赫然察覺自己竟對食物產生執著心，於是立刻放下碗筷，用手刮下窗框上的灰塵放入口中，以警惕自己，消除對味覺的依賴。〔註40〕這些日本教界高僧小故事的傳錄，一方面增進《南瀛佛教》會員們對日本佛教人士的認識，另一方面，同是佛弟子，高僧們精進不懈的表現不僅可以起模範的作用，對於修行的信心也是一種鼓舞。

在篇數最多的政軍人物部分，有表彰孝道的〈至孝的公助〉〔註41〕、展現「忍辱」的修養，努力不懈而獲得人們的認同的武士三好松之助、〔註42〕或是美國第三十任總統克林奇（John Calvin Coolidge，Jr.）的正直、不徇私。〔註43〕當然也有多篇是闡述「忠君愛國」的行誼，如德川家康麾下四天王之一本多忠勝，臨終時想到皇恩深重無以為報而淚如雨下、〔註44〕維新三傑之一的木戶孝允，每日不忘對著宮城禮拜，並時時感念為國犧牲的前輩，內心充滿對國家的至誠、〔註45〕大正時期的內閣大臣原敬為了日本將來的發展，

〔註39〕 不著傳者，〈風外慧薰的怪力〉，《南瀛佛教》第 16 卷，第 11 號，第 23 頁。

〔註40〕 不著傳者，〈明惠上人〉，《南瀛佛教》第 16 卷，第 07 號，頁 53〜54。

〔註41〕 平安時代太政大臣藤原兼家的臣下公助，有一次因射箭的失誤被父親責打，公助不喊痛也不閃躲，旁人覺得很納悶，問公助為何不走避？公助回答，父親老邁，若自己逃開，可能引得父親邁步追打，這樣的話說不定會害得父親跌倒受傷。公助展現了令人敬佩的孝行。不著撰者，〈至孝的公助〉，《南瀛佛教》第 16 卷第 4 號（1938 年 4 月），頁 54。

〔註42〕 三好松之助是天保時期越前福井藩士。由於姊姊嫁給了當地大官，所以人們都在私下批評他，認為他獲得官職全是依靠姊夫的勢力而來。一日，松之助聽到一群婦女批評他，說他靠關係、沒出息，松之助憤怒之中衝了出去，想砍死這些人，結果踩到了庭院中的含羞草。由含羞草被踩到，葉片就闔起來，松之助領悟到「忍耐」的真諦，於是更加努力，以實力向眾人證明自己的價值。不著撰者，〈含羞草的教訓〉，《南瀛佛教》第 16 卷第 2 號（1938 年 2 月），頁 54。

〔註43〕 克林奇的兒子喬由大學畢業後，寫信要求父親替他介紹工作，當時擔任總統的克林奇回信給兒子，告訴他，自己無法替他找工作，但若他是對將來的出路有所疑惑，身為父親，自己可以成為他的諮詢對象。不著撰者，〈嚴正不阿的父親〉，《南瀛佛教》第 16 卷第 8 號（1938 年 8 月），頁 38。

〔註44〕 不著傳者，〈就要死了嗎〉，《南瀛佛教》第 16 卷第 1 號（1938 年 1 月），頁 44。

〔註45〕 不著傳者，〈木戶孝允的晨間禮拜〉，《南瀛佛教》第 15 卷第 12 號（1937 年

力排眾議支持皇太子（後來的昭和天皇）赴歐見學。原敬在東京車站被暗殺後，在他的身上找到了一封遺書，上面陳述著他對國家未來發展的一片赤誠，與不惜一死的強烈意志。〔註46〕

而藝文人士方面，則有學者、書道家或畫家們勤勉刻苦的學習而成為一代大家的故事。如〈努力的功用〉是記述被稱為「異才的書道家」的下枝董村，〔註47〕逃難也不忘練習書法、〈從伙夫到畫聖〉寫畫家顯幽齋逸見一信，一邊做著伙伕的工作，一邊努力練習，最後終於成為知名畫家的故事。或是這些藝文名人幫助他人的仁厚事蹟，如〈今日之月〉中，詩人小林一茶替農夫寫借據，助農夫順利借到錢、〈人格之力〉這一篇，是有「近江聖人」之稱的陽明學者中江藤樹為犯人說情的故事。〔註48〕

然而這一百多篇的名人逸事，不論是政治人物還是教界僧尼，不論是武藝高強的武士還是文采出眾的詩人，在筆者看來，除了表彰各種值得學習的品德模範外，更主要的，其實是在展現名人們令人景仰的風範。例如面對死亡時平靜豁達的態度、或是遭逢錢包被偷甚至是房子被燒毀的慘事，還能作詩自嘲的修養、以及面對當權者，仍能堅持正道加以糾正的無懼勇氣等。〔註49〕其中或許也傳達了一些道德上的模範，但是更讓人留有強烈印象的，卻還是故事主角——名人們——的風骨與修為。透過這些「名人逸聞」故事，在達到「移風易俗」之效前，筆者認為，建立起「名人崇拜」或許才是更可以被預期的結果。

12月），頁38～39。

〔註46〕 不著傳者，〈衣囊的遺言狀〉，《南瀛佛教》第16卷第5號（1938年5月），頁55。

〔註47〕 下枝董村之名，在《南瀛佛教》中刊印為「下枝薰村」，但經筆者查詢，其名應為「董村」而非「薰村」。見日本福岡縣みやこ町官方網頁 http://www.town.miyako.lg.jp/rekisiminnzoku/kankou/person/shimoedatouson.html （查閱日期：2015.05.30）。

〔註48〕 〈努力的功用〉、〈從伙夫到畫聖〉、〈今日之月〉三篇出於《南瀛佛教》第16卷第1號（1938年1月），頁39～43。〈人格之力〉出於《南瀛佛教》第15卷第10號（1937年10月），頁22。

〔註49〕 面對死亡的坦然，如豐國銀行總裁永見勇吉〈死亡之美〉，第15卷第11號（1937年11月），頁30、僧人秋之坊〈正月四日〉，第16卷第1號（1938年1月），頁42；俳句詩人川村碩部與北技對身外之物的豁達〈碩布之風懷〉、〈硯也燒毀筆也燒光〉，第16卷第1號，頁41～42；雪潭和尚嚴屬糾正領主不合禮法的行為，〈怒斥犬山侯〉，第17卷第1號（1939年1月）。

第四節　兒童文藝

　　早在日治時期，台灣的兒童文學就已開始發展。在童謠、兒歌、童話、少年小說、民間故事、神話傳說或是兒童劇等方面，或創作、或翻譯、或改寫、或採集整理，都在台、日兒童文學工作者的共同努力下獲得一定的成績。〔註50〕被視為「日治時期台灣童話運動的開拓者」的西岡英夫，曾在〈對普及本島童話事業的期待〉一文中提到：童話事業的家庭教育很重要。兒童教育一方面是學校教育，一方面是家庭教育，兩者是相輔相成的。西岡英夫明白的指出：「我的童話事業在本質上是通俗教育事業的一環」。培養兒童高尚的興趣，涵養向上的精神，正是童話事業的最終目的。〔註51〕隨著近代兒童文學的研究愈深入，對兒童文學種類的區分也愈精細。而在兒童文學初起步的日治時期，相關工作者如西岡英夫，其口中的「童話」，指稱的範圍其實是較為廣泛的，舉凡神話、傳說、民間故事等，都被歸在「童話」的範疇中。〔註52〕然而不管如何分類，不同時代的人們，對這些「為孩子所說的、適合孩子的故事」的期待，仍有其共通性：「教育」。

　　楊孝濚在〈兒童文學的社會功能〉一文中提出，兒童文學在社會功能方面應具有三個層次：社會化功能、社會教育功能以及娛樂功能。「社會化功能」指兒童在閱讀兒童文學的過程中，可達到正確人格的塑造、促使兒童社會化，由「自然人」發展成為「社會人」。「社會教育功能」則基於兒童文學的寫作方法生動、字句深入淺出，易於將知識或訊息傳遞給兒童，「對於兒童的心智發展、思維能力的培育、邏輯推演能力的強化，具明顯的功能」。然而兒童文學不應止於一些實用性的目的，「娛樂」也是兒童文學一項重要的「功能」。透過生動的敘述、活潑的描寫，兒童文學能發揮娛樂兒童的作用，甚至讓兒童將自身化身於故事角色中，「對於降低兒童心理的焦慮、充實心靈生活，兒童文學發揮的娛樂功能是十分明顯的」。〔註53〕

〔註50〕邱各容，〈日治時期臺灣兒童文學發展研究〉，（台東：國立臺東大學兒童文學研究所碩士論文，2007年），頁180。

〔註51〕參見邱各容，〈日治時期臺灣兒童文學發展研究〉，（台東：國立臺東大學兒童文學研究所碩士論文，2007年），頁45。

〔註52〕西岡英夫主編之《世界童話大系──支那・臺灣篇》，就包含了臺灣（含原住民）的神話、傳說、民間故事、童話。參見邱各容，〈日治時期臺灣兒童文學發展研究〉，（台東：國立臺東大學兒童文學研究所碩士論文，2007年），頁45。

〔註53〕楊孝濚，〈兒童文學的社會功能〉，《兒童文學論述選集》，（台北：幼獅，1989），頁24～26。

「二十世紀是兒童的世紀」。自十八世紀的法國學者盧梭倡導兒童本位的教育思想起，後起學者如德國福祿貝爾等強調兒童教育的重要性，兒童教育逐漸獲得注意，兒童發展等相關研究也如雨後春筍般紛紛出現，呈現一片欣欣向榮。〔註54〕二十世紀重視兒童教育風潮的興盛狀況，透過「作為宗教專門刊物」的《南瀛佛教》也曾刊載以兒童為對象的故事體作品此一事實，或許也能窺知一二。

《南瀛佛教》由第十二卷第六號起，曾連續五期刊載了〈布教資料 兒童文藝〉、〈兒童文藝〉，共計 38 篇作品，是《南瀛佛教》中刊登兒童文學最集中、最大量的時期。此後一直到停刊為止，則只有零星數篇標註「童話」、「童話劇」的作品獲得刊登。相關作品整理如下表：

【表 4-4】《南瀛佛教》兒童文藝作品列表〔註55〕

卷次	出版日	欄　目	標題／篇名	備　　註
12-6	昭和 9 年 6 月	布教資料 兒童文藝 （漢文）	一、掩耳盜鈴	寓言故事
			二、就是你	趣味故事
			三、枇杷案	曹操
			四、橘子的故事	神仙傳說
			五、九曲珠	螞蟻穿線
			六、月下的愚孩子	丟月餅給影子
			七、馬頭娘	《搜神記》〈女化蠶〉
			八、狐假虎威	《戰國策・楚策一》
			九、田螺精	《搜神後記》〈白水素女〉
			一○、到底如何	寓言故事，空想無益
			一一、破缸救人	司馬光
			一二、埋蛇免害	孫叔敖
			一三、產金蛋的鵝	伊索寓言

〔註54〕雷僑雲，《敦煌兒童文學》，（台北：臺灣學生，1985），自序，頁 vii～viii。

〔註55〕本表採計的作品為標題上即明確表示為「兒童文藝」或「童話」、「童話劇」者，或是像第 15 卷第 6 號〈佛典故事　不忘恩〉，不僅是一則動物寓言，故事最後還特別提到「大家必須把這『不忘恩』的善行告訴小孩子」，因此雖然此篇標題未標註童話，筆者仍將之歸為兒童文藝項下。

卷次	出版日	欄　目	標題／篇名	備　註
12-7	1934.7	布教資料 兒童文藝 （二）（漢 文）	一、干尼德黑爾斯坦	趣味故事／踏實
			二、大饅頭和大包子	趣味故事／機智
			三、舊馬掌	說理故事，馬掌：馬蹄鐵
			四、狼與鶴	伊索寓言
			五、孟母	孟母三遷
			六、獅與狐	伊索寓言
			七、烏與狐	伊索寓言
			八、軟耳翁	伊索寓言
			九、老鼠會議	英語諺語故事
			一〇、爭子	聖經列王紀
			一一、守財奴	哲理故事
			一二、讓產	友愛的故事
			一三、蠢賊	趣味故事
			一四、狐仙帽	狐仙故事
12-8	1934.8	布教資料 兒童文藝 （三） （漢文）	一、矮姑娘	神仙故事
			二、審石頭	包公審石頭
			三、打水山	神仙故事／悔過
			四、飛行鞋	德國童話改編
12-10	1934.10	布教資料 兒童文藝 （四）（漢 文）	一、小八狗	日本民間故事
			二、兩個弟兄	與〈小八狗〉同為《琵琶法師和小八狗》故事的前後段
			三、牛郎	牛郎織女
			四、盒仙	類似田螺精故事
			五、孽龍	四川都江堰
			六、蛇人	《聊齋誌異》
12-11	昭和九年 1934 十一月 一日	兒童文藝 （漢文）	花果山	《西遊記》

卷次	出版日	欄　目	標題／篇名	備　註
13-3	1935.3	（漢文）	釋迦傳童話劇 佛陀永生（二幕）	上野祐誠原著　二樹庵譯述
13-10		（日文）	童話　親心（譯爲「爲人父母」）	霞靜子，《法華經》「窮子喻」
15-3		佛教童話（日文）	盧至長者	《盧至長者因緣經》
			一杯米汁	《大智度論》卷 8
15-6	1937.6	（日文）	〈佛典故事　不忘恩〉	《瓔珞經》（小鳥爲獅子拔刺故事）
15-10		（日文）	大智慧者（童話）	《賢愚經》，大施太子
17-5		（日文）	童話　少爺的恩情	作者：柳翠子
17-8	1939.8	（日文）	童話　盂蘭盆會的起因	作者：霞靜子

資料來源：《南瀛佛教》第一卷第一號～第二十一卷第十二號（台北：南瀛佛教會。1923.7～1943.12）。

　　由上表的統計可知，《南瀛佛教》刊載的兒童文藝作品共 46 篇，全數都是在曾景來擔任編輯時期。何以曾氏會特別留意到「兒童教化」此一範疇呢？這或許和曾景來擔任南瀛佛教會教師之責有關。檢視《南瀛佛教》中的相關紀載，曾氏於昭和四年時進行過全台巡迴布教活動，其宣講的對象除了成人民眾外，還有不少場次是針對兒童而辦的「兒童講話會」、「童話會」、「コドモ會」（子供會）。其宣講主題則有「修養講話」、「童子救父」故事、「愛國之精神」、「勇敢之精神」等。〔註 56〕或許是此一經歷，讓曾氏在編輯《南瀛佛教》時不忘添上「兒童文藝」這一向度。

　　在使用的語言方面，第十二卷第六號至第十三卷第三號的兒童文藝與童話劇，是以漢文刊登，此後的 7 篇童話、佛教童話則是以日文刊登。〔註57〕以漢文刊登的 39 篇兒童文藝作品中，分析其取材來源，《伊索寓言》佔了 5 篇、源自歐美的故事 2 篇、日本民間故事〈琵琶法師和小八狗〉，在這裡則被分成〈小

〔註56〕　相關報導見〈雜報・傳道會之地方布教〉，《南瀛佛教》第 7 卷第 2 號（1929年 3 月），頁 87、〈通信・曾景來師之巡迴講演錄〉，《南瀛佛教》第 7 卷第 4號（1929 年 8 月），頁 82～84。

〔註57〕　關於《南瀛佛教》用文的變遷，請見本研究第二章第二節「《南瀛佛教》的發行與歷任編輯者」。

—109—

八狗〉、〈兩個兄弟〉2 則進行刊登，其他幾乎都是源於中國的民間故事。如曹操使用妙計引出枇杷賊、孝子吞下寶珠而化為龍的故事等等。而以日文刊登的7 篇作品，則以佛經故事為主，僅有一篇〈少爺的恩情〉是創作故事。

關於寓言故事，林鍾隆在〈兒童需要現代寓言〉一文中提到：

> 寓言是最富教育性的故事，內容富含道德的啟示與智慧的啟發，使人向善、變得聰明。寓言是最好的教育方式，它將道理隱「寓」於故事中，使讀者自行「領悟」故事的含意，而這樣的教育效果不是勉強得來，而是自然得到的，因此，帶給讀者的，是悅樂與歡喜。〔註58〕

寓言故事以它幽默委婉卻往往一針見血的諷喻特質，受到古今中外人們的歡迎。日治時期的兒童文學工作者西岡英夫就曾提出，「台灣的兒童有喜歡伊索寓言式的故事的傾向」，亦即具有教育意味、自古流傳的故事，在台灣比較受歡迎。〔註59〕檢視這 46 篇兒童文藝作品，寓言類作品的確也占了近四分之一，有 11 篇之多，其中絕大多數也是現今我們耳熟能詳的故事。例如比喻依仗別人的勢力欺壓他人的〈狐假虎威〉、狼請鶴吃東西卻缺乏誠意，將食物用盤子裝盛，使鶴無法順利進食，之後鶴為了報復，邀請狼來吃東西時，就故意將食物裝在細頸瓶子中，讓狼吃不到。這則出於《伊索寓言》的〈狼與鶴〉故事比喻要尊重別人，別人才會尊重你。透過簡短、充滿趣味，而又深富啟發性的故事，讓兒童從中學習道理。

而這 46 篇兒童文藝作品中，扣除佛經故事與寓言故事外，其餘的則幾乎都是民間故事，其中不乏含有神怪性質的故事在其中。例如第十二卷第六號的〈田螺精〉故事，描述一個勤奮的青年，有一日下田後返家，竟然發現家中已備好熱騰騰飯菜，這樣的情形一再發生，令獨自一人生活的他覺得大惑不解，於是偷偷躲起來一探究竟，發現原來是家中水缸裡的大田螺變成一位美麗的姑娘，每天幫他下廚燒飯。螺殼被青年偷偷藏起來而無法再變回田螺的田螺姑娘，於是和青年成親，生下了一個孩子，和青年過著美滿的生活。後來有一天，青年對孩子說出他的母親是田螺精這件事，還敲著當初偷藏起的田螺殼唱歌。田螺姑娘發現後生氣的奪回螺殼，變回田螺而永遠離開了。這個故事出自《搜神後

〔註58〕 林鍾隆，〈兒童需要現代寓言〉，《兒童文學論述選集》，（台北：幼獅，1989），頁 93。

〔註59〕 參見邱各容，〈日治時期臺灣兒童文學發展研究〉，（台東：國立臺東大學兒童文學研究所碩士論文，2007 年），頁 72。

記》，原篇名為〈白水素女〉，後來進入到民間故事中，在不同地區、不同族群中變化出許多故事主體模式相近，但細節略有不同的各色作品。「田螺精」故事進而成為民間故事中的一種類型代表。第十二卷第十號刊載的〈小八狗〉、〈盒仙〉、〈牛郎〉皆是與〈田螺精〉相同類型的故事，情節上也有諸多相似之處。

　　《南瀛佛教》雖為佛教刊物，但在兒童故事選刊上卻不會特別拘泥在佛教此一範疇，上述幾篇作品，反而是具有濃厚神怪色彩的作品。神怪故事在兒童故事中是一個常見的類型。這些充滿想像力與神奇變化的故事，除娛樂性十足以外，其中也蘊含了一些值得兒童學習的道理。如〈田螺精〉故事中的青年，以戲謔的態度敲打田螺殼，間接表明了不尊重田螺姑娘的心態，因此田螺姑娘憤而離去，美滿的家庭因而破碎。透過這個故事，兒童會學習到替別人著想、尊重他人的重要。除此之外尚有〈馬頭娘〉、〈橘子的故事〉、〈狐仙帽〉、〈打水山〉等篇也屬神怪故事類別。〈馬頭娘〉、〈橘子的故事〉同時也是推原神話，一則說明「蠶」的由來，一則說明橘子為何是酸的，趣味性十足。

　　第十三卷第十號以後以日文刊登的七篇作品，其中六篇是直接源於佛經，相較於第十二卷那些以漢文刊登的兒童文藝作品來說，宗教教化的意味較為濃厚，在趣味性上就略顯遜色。而第十七卷第五號的童話〈少爺的恩情〉則是一篇創作故事，作者為「柳翠子」。故事敘述某天晚上，松浪家的大哥阿力捉到了意圖偷竊的小偷，小偷表示自己是因為沒有工作，生活發生困難，為了生病的妻子以及年紀幼小的孩子，因此才臨時起意偷竊，請求松浪家能放過他。原先家人決定要將小偷送交法辦，但小偷不斷苦苦哀求，這時，松浪家最小的孩子弓雄說出了「我的錢全部給他好了」這樣的話，並將自己存下來的錢全數交給了這個小偷。此舉不僅令小偷深受感動，松浪一家大小也為了弓雄的義行而同感欣慰。小偷離去前再三向大家道謝，弓雄叮嚀小偷，如果將來又想偷竊，要他記得念「南無妙法蓮華經」，「如果你也念就不會做小偷了」。過了一個多月，弓雄收到一個不知名的包裹，原來是那晚的小偷寄來的。改過向善的他找到了正當的工作，因此用自己賺來的錢買了糖果送給弓雄，以答謝弓雄的恩情。同時小偷也在信中表示：「你出給我的功課，我在家每天都唱念」。故事最後則引述了四則佛經中關於「慚愧」的教誨作結。〔註60〕

　　這則故事中，弓雄的行為除了傳達出「寬恕」的美德，弓雄將自己的儲

〔註60〕柳翠子，〈少爺的恩情〉，《南瀛佛教》第 17 卷第 5 號（1939 年 5 月），頁 50～52。

蓄送給了遭逢經濟困難的小偷，正也是「布施」的善行。而小偷的改過遷善，如《遺教經》所教誨：「慚恥之服於諸莊嚴中最第一……若離慚愧，則失諸功德，有愧之人則有善法，若無愧者，與諸禽獸不相異」，〔註61〕能「常慚愧」才能「常自省」，才能「洗塵勞」，使「身心俱成清淨之器」。〔註62〕作者力求將佛教教化融入故事中，甚至讓小小年紀的弓雄直接告訴小偷，要他每天念「南無妙法蓮華經」，但故事並未因此而讓人感覺僵硬枯燥。〈少爺的恩情〉全篇透過對話形式進行，不論是家人間爭辯是否該將小偷送官，或是小偷的哀求與承諾，語句自然流暢，鋪陳生動精采，是很成功的一篇創作故事。

吳鼎在兒童文學研究中指出，兒童故事的內容是要能夠灌輸知識、啟迪智慧、鼓舞志趣、激發同情的。〔註63〕《南瀛佛教》上刊載的這些兒童文藝作品，數量雖然不多，但卻也都是能吻合研究者對於兒童故事的要求的作品。而筆者認為，其中更重要的意義在於《南瀛佛教》這樣的刊載行為，昭示著日治時期的知識份子對兒童教化的重視。

〔註61〕 引自柳翠子，〈少爺的恩情〉，《南瀛佛教》第 17 卷第 5 號（1939 年 5 月），頁 52。

〔註62〕 「以慚愧之心洗塵勞，身心俱成清淨之器」《心地觀經》。轉引自柳翠子，〈少爺的恩情〉，《南瀛佛教》第 17 卷第 5 號（1939 年 5 月），頁 52。

〔註63〕 轉引自雷僑雲，《敦煌兒童文學》，（台北：臺灣學生，1985），頁 178。

第五章　結　論

　　南瀛佛教會作爲日治時期唯一全島性佛教組織，名義上雖爲民間團體，但實際成立、營運卻皆是在官方掌控下。如此的體質造成其代表刊物《南瀛佛教》有著「官方傳聲筒」之譏。然而即使如此，南瀛佛教會與《南瀛佛教》在日治時期台灣佛教的改革運動中仍佔有重要的地位。現今關於日治時期台灣佛教相關研究中，《南瀛佛教》的內容常爲研究者所引用，可見其價值。本論文嘗試將研究重點聚焦於《南瀛佛教》中所刊載的故事體作品，期能爲大眾認識這份日治時期最重要的佛教專門刊物開闢一條途徑。

　　本研究共分五章，第一章緒論，第五章結論，主要內容於第二、三、四章提出。第二章首先針對南瀛佛教會成立的相關時空背景進行整理，包含日治前台灣島內的宗教概況、總督府所施行的宗教政策、南瀛佛教會的成立，以及起初作爲「機關報」發行的《南瀛佛教》創刊與沿革。第二章最後則針對二十多年來接力孵育《南瀛佛教》的八位編輯者進行介紹。第三章依據故事體作品的刊登型態與主題，將《南瀛佛教》故事體作品分爲前、中、後三期進行討論，梳理《南瀛佛教》故事體作品刊登特色的流變。第四章則以《南瀛佛教》刊載的故事體作品中四個最主要的類型進行分析。以下就本研究成果提出三點：

一、編輯者與《南瀛佛教》故事體作品

　　隨著第二次世界大戰進入後期，原本所向披靡的軸心國，戰事也開始遭受頓挫。面對日益嚴峻的戰爭情勢，總督府著手進行資源統合的工作，文教

局轄下包含《南瀛佛教》在內共八本雜誌停刊，〔註1〕而以新創刊的《文教》雜誌代之。於是《南瀛佛教》在第二十一卷第十二號時，為連續二十年又五個月的發行畫下休止符。第二十一卷第十二號停刊紀念特輯中，江木生〈臺灣佛教二十年〉一文將《南瀛佛教》自創刊以來的各項資料做一整理，小至印刷字體的變革、歷年頁數增減等資訊，皆一一細數呈現。根據〈臺灣佛教二十年〉文中所介紹的歷任編輯者，共七人：江木生、林德林、李添春、高執德、曾景來、田村智友、竹中英貴。然而第六卷第四號、第七卷第一號的編輯室問候欄中，卻是由江木生、林述三共同署名。且《南瀛佛教》由創刊起，至第七卷第五號編輯事務轉移至臺中為止，諸多欄位皆由林氏主筆或進行點評、甚至超過半數的卷頭辭也是由林氏撰寫。由以上線索可以推知，即使林述三不知何故未被列名於「歷任編輯者」中，〔註2〕但他曾長時間參與《南瀛佛教》編務應是可以肯定的事實，甚至《南瀛佛教》前期主要的編輯工作就是由他所負責。因此加上林述三後，《南瀛佛教》「歷任編輯者」應有八人。

　　《南瀛佛教》編輯工作歷經傳統文人林述三、倡議改革的新式僧侶林德林、駒澤大學菁英群，乃至日人田村智友，不同的學術養成背景與理念，造成《南瀛佛教》故事體作品有前、中、後三期明顯不同的刊載取向。

二、《南瀛佛教》故事體作品刊載型態的遞嬗

　　《南瀛佛教》編輯者在二十年又五個月中歷經多次更迭，其中三任執掌編輯工作較久的編輯：林述三、曾景來、田村智友，建構了《南瀛佛教》故事體作品前、中、後三期不同的面貌。林述三深具漢學素養，在他主辦《南

〔註1〕停刊的有：《皇道之國》、《青年之友》、《厚生事業の友》、《敬慎》、《臺灣教育》、《學校衛生》、《科學の臺灣》及《南瀛佛教》。見江木生，〈臺灣佛教二十年〉，《南瀛佛教》第21卷第12號（1943年12月），頁27。

〔註2〕闞正宗《臺灣日治時期佛教發展與皇民化運動──「皇國佛教」的歷史進程（一八九五～一九四五）》，頁323～324提到，總督府除監控中國來台人士外，對同為華人的台民也不放心，尤其在太平洋戰爭進入決戰階段後，對來台華僧與台人的監控，隨戰事擴大而日趨緊密。文中引用日本殖民當局內務省監控單位的資料：「一部分的島民懷抱民族偏執性，乃至旁觀的非協力態度，由於漸次克服，不逞分子之蠢動失去可乘之機」。（〔日〕水野直樹編，《VI植民地統治一般・治安狀況（續き）》（東京）：柏書房株式會社，1998），頁148。此處轉引自闞正宗上開書）。而對照潘玉蘭在《天籟吟社研究》曾提到，日治末期中日戰況緊張，當時多位社會菁英被日人列為觀察名單，林述三即為其中之一。見潘玉蘭，《天籟吟社研究》，（台北：萬卷樓，2010），頁182。林氏未被列名於歷任編輯中，不知是否與此有關？

瀛佛教》編輯事務的期間，《南瀛佛教》設有「說苑」欄，故事體作品是固定
刊載的項目，以林述三自撰的漢文小說連載爲主。曾景來是畢業於日本曹洞
宗駒澤大學的新式佛教菁英，擔任編輯期間則引介了大量的短篇故事。田村
智友爲《南瀛佛教》唯一一個日人編輯，在未特意經營「故事體作品」的狀
況下，在其任職其間，《南瀛佛教》故事體作品刊登數量銳減。

1. 前期的漢文小說連載：

大正十二年七月第一卷第一號至昭和四年八月第七卷第四號期間，《南瀛
佛教》共連載了八部漢文小說作品。這些作品的作者不論署名怪星、唐山客、
還是苓草，其實皆是林述三其人。林述三身爲漢學素養深厚的文人，這八部
林氏所撰的漢文連載小說，也看得出深受中國傳統小說影響，不僅用語上皆
爲淺近的文言文，在故事最後也多附有作者評述。故事內容則具有濃厚的仙
俠風格，因果報應、神通神怪、武或俠的元素等，在這些故事中出現甚多。
而這八篇作品中所出現的女子，則有相當高的比例是不同於流俗的奇女子，
或懲奸除惡、或領軍治國、或騎射游獵，皆展現不讓鬚眉的氣魄。

綜合此階段刊載的故事體作品主題可知，諸篇作品以傳達輪迴果報觀爲
主，兼以傳統禮教、忠孝節義等觀念的維護與闡揚，以及提示讀者：諸行無
常、應把握人身難得，進行修行的佛家思想。

2. 中期的短篇故事集：

中期由昭和四年九月第七卷第五號開始，至昭和十五年四月第十八卷第
四號爲止。從這個階段開始，「說苑」欄取消，故事體作品也不再是固定刊登
的項目，連續幾期未見刊登亦屬常態。而在歷任編輯者中任職時間最長的曾
景來接任《南瀛佛教》編輯後，故事體作品的刊登則以「短篇故事集」形式
爲主，共包含約 419 篇故事。而這些短篇故事集所引介的故事，則以「人物
逸聞」爲大宗，其中故事背景爲日本的，更是近百分之七十九的高比例。

曾景來於昭和七年十二月開始接任《南瀛佛教》編輯工作，政治上尚處
於「漸進的同化主義時期」，宗教政策上則已進入部分研究者所稱之「皇化改
造期」。曾氏大量收集日本古今人物的德行佳範，透過「逸話集」等短篇故事
集對讀者進行傳播，人類與生俱來，有著對名人、能人的崇拜心理，將有助
於讓讀者們由對這些故事主角的個人崇拜，進而推展到對宗主國——日本—
—的國家認同。這樣大量、高比例的日本人物逸聞故事的刊登，可視爲編輯
者呼應總督府同化政策，試圖達到「使台灣民眾成爲完全之日本臣民」、「涵

養其對國家之義務觀念」的目標。

3. 後期的輔翼戰事作品：

昭和十五年五月第十八卷第五號，田村智友接任編輯起，直到昭和十八年十二月，第二十一卷第十二號停刊為止，是為《南瀛佛教》故事體作品分期的「後期」。由於田村氏不若前期的林述三自己撰寫小說，也不像中期曾景來收集故事作品刊登，在仰賴投稿的狀況下，此階段故事體作品的刊登極少。近三年的期間，僅有佛經故事〈勝鬘夫人〉、童話〈慰問部隊〉以及第二十卷第八號刊登的〈國民防諜の話〉，此外直到停刊為止，就未再見到故事體作品的刊登了。

〈慰問部隊〉透過不良於行的少年正雄懷抱熱切的報效國家之情，以及正雄父親從軍報國的作為，傳達「每個人都能夠盡己所能的做到報國的責任」的訊息。〈國民防諜の話〉雖被譯為〈國民防諜的故事〉但實際上是一篇國防教育宣導，內容闡述防諜的重要性、詳細說明敵方諜報工作可能的操作方式、實踐國民防諜應有的實際作為等。此階段所刊登的故事體作品雖然稀少，但透過其刊載作品的主題，仍可看出擴大的戰局導致戰爭對民眾生活的影響程度提高，政府也更迫切需要民眾對戰事的支援。

三、《南瀛佛教》故事體作品四大類型

1. 佛經故事

《南瀛佛教》雖為專門的佛教刊物，但所刊登的佛經故事並不如想像中來得多，僅84篇。而佛經故事刊登最多的時期，是在曾景來擔任編輯的階段。推測可能原因，一來曾氏是歷任編輯中任職最久者，二來曾氏接任編輯前，就已陸續投稿佛經故事於《南瀛佛教》，顯示曾氏本身也對此較具熱情。而經過統計，《南瀛佛教》所刊登的佛經故事，出自於《雜譬喻經》者最多，其次為《百喻經》，其他還有本生故事、因緣故事等，用以闡明佛理，促進信仰。

2. 神仙怪異

「神仙怪異故事」筆者將其定義為故事中出現有「神仙」、「鬼」、「精怪」、乃至「怪異難解之事」的故事。由林述三時期所刊載的神仙怪異故事分析，可以看到傳統文人「儒佛同源」、「三教合一」觀念。而曾景來身為留日佛教菁英，一方面倡導「正信佛教」、反對迷信，但另一方面卻也不排斥「宗教關係的奇聞怪事等等之材料」的刊載，曾氏認為，即使是被認為是「低級」的

民間信仰，亦有其安撫人心、安定社會的功效，所以對於「迷信」並不贊成全然加以排斥。這一點與執政者立場具有一致性。

3. 名人逸聞

中期的短篇故事集以人物逸聞為大宗，剔除名不見經傳的小人物後，屬「名人」逸聞的作品總計 148 篇。經由主角國籍統計，主角為日本人者共 114 篇、美英等歐美國家 21 篇、中國 10 篇、印度 2 篇、俄國 1 篇。時代方面則涵括古今，但「中國」名人逸聞有所不同，一律都是時代距離久遠的古人，推測或許與「避免勾起台人對祖國的孺慕與嚮往」有關。主角身分上則以政軍人物為大宗，宗教人士、藝文人士次之。故事中心概念或展現堅毅精神、或闡揚傳統美德、或強調忠君愛國的作為，除了表彰各種值得學習的品德模範外，更重要的，其實是在展現名人們令人景仰的風範。而故事主角絕大多數為日本人，這點也顯現出其背後所蘊含的「建立國族崇拜」的可能企圖。

4. 兒童文藝

台灣的兒童文學在日治時期就已開始發展，並受到許多有識之士的重視。曾景來在擔任《南瀛佛教》編輯前曾進行全台巡迴回布教活動，其宣講的對象除了成人民眾外，還有不少場次是針對兒童而舉辦。曾氏在擔任《南瀛佛教》編輯工作後，也不忘「兒童文藝」故事的刊載。總計 46 篇的兒童文藝作品，其中用漢文刊登者有 39 篇，以源自中國的民間故事為大宗。以日文刊登者有 7 篇，其中 6 篇為佛經故事，僅有一篇〈少爺的恩情〉是創作故事。雖然總篇數不多，但《南瀛佛教》這樣的刊載行為，昭示著日治時期的知識份子對兒童教化的重視。

《南瀛佛教》歷經二十年又五個月的刊行，共發行一百九十六期，每期平均頁數約五十頁，[註3] 使本研究從閱讀、整理文本階段起，就是一項不算容易的工程。本研究範圍限於《南瀛佛教》故事體作品，但在資料的整理與探討過程中，仍有新的議題浮現，此部分期待日後有志之士的投入研究。例如曾景來時期所刊登的短篇故事集，其中「中華因果錄」由故事內容等線索推測，直接由中國報刊雜誌轉載而來的可能性很高，若能追索出這些因果故事的原出處，一方面可以對日治時期中國報刊雜誌在台灣的傳播情形有多一層的了解，另一方面也可以對曾景來其人平時的閱讀狀況有更清楚的認識。

〔註 3〕江木生，〈臺灣佛教二十年〉，《南瀛佛教》第 21 卷第 12 號，頁 33。

　　而經本研究挖掘出傳統文人林述三在《南瀛佛教》編輯工作的參與情形，以及其在《南瀛佛教》中漢文小說的創作狀況，也期盼能成爲後續研究者一個新的觸發點，在日治時期傳統文人的小說創作相關研究上，奉獻一臂之力，累積新的研究成果。

　　台灣文化相關研究近年來雖已漸受重視，但待研究的議題仍所在有多。《南瀛佛教》作爲日治時期相當重要的佛教專門刊物，值得大眾對它有更進一步的了解。本研究爲此領域的原創性研究，不僅是第一本以《南瀛佛教》中所刊載的故事體作品爲主題的研究，而且也是目前以之爲文學研究的第一本學位論文。本研究雖疏漏仍多，但筆者還是希望透過本研究，能對大眾認識《南瀛佛教》刊載的故事體作品盡一份棉薄之力，並對後續研究者起拋磚引玉之功。

參考書目

一、專書

1. 台灣佛教史料庫：當代臺灣佛教文獻，《南瀛佛教會報》數位版
   http://buddhistinformatics.ddbc.edu.tw/taiwanbuddhism/tb/。

2. A.J 巴克（A.J Barker），《中途島海戰：太平洋戰爭的轉捩點》，（台北：星光，2001）。

3. Jost Dülffer 著；朱章才譯，《二次大戰與兩極世界的形成：一九四五年二月四日，雅爾達》（台北：麥田，2000）。

4. 丸井圭治郎，《臺灣宗教調查報告書》（第一卷）（台北：台灣總督府，1919，台北：捷幼書局復刻，1993年）。

5. 井出季和太著，郭輝編譯，《日據下之臺政》，（台北：海峽學術出版，2003）。

6. 王文元，《佛典譬喻經全集》，（四川省：重慶出版社，2009）。

7. 王見川、李世偉，《臺灣的宗教與文化》，（台北：博揚文化，1999）。

8. 王國璠纂修，《臺北市志卷九人物志》，收錄於臺一版《臺北市志》第十一冊，（台北：成文出版，1983）。

9. 王淑端等編著，《台灣歷史與文化（第二版）》，（新北市：新文京開發，2011）。

10. 王德威著，宋偉杰譯，《被壓抑的現代性 晚清小說新論》，（台北：麥田，2003）。

11. 古繼堂，《臺灣小說發展史》，（臺北：文史哲，1996）。

12. 白化文、孫欣，《古代小說與宗教》，（遼寧：遼寧教育出版社，1992）。

13. 石昌渝，《中國小說源流論》，（北京：生活・讀書・新知三聯書店，1993）。

14. 多田克己著，歐凱寧譯，《日本神妖博物誌》，（台北：商周，2009）。

15. 朱貴生等，《第二次世界大戰史》，（台北：聯經，1995）。

16. 江燦騰，《日據時期臺灣佛教文化發展史》，（台北：南天書局，2001）。

17. 江燦騰，《臺灣佛教史》，（台北：五南，2009）。

18. 江燦騰主編；增田福太郎原著；黃有興中譯，《臺灣宗教信仰》，（台北：東大，2005）。

19. 西諦，《中國古典文學中的小說傳統》，（台北：木鐸出版社，民74）。

20. 何三本，《幼兒故事學》，（台北市：五南，1995）。

21. 何三本，《說話教學研究》，（台北市：五南，1997）。

22. 佛斯特（Edward Morgan Foster）著、李文彬譯，《小說面面觀》，（台北：志文出版，1973初版，1989再版）。

23. 吳文星，《日據時期臺灣社會領導階層之研究》，（台北：中正書局，1992）。

24. 吳敏霞，《日據時期的台灣佛教》，（台中：太平慈光寺，2007）。

25. 吳惠巧，《人與宗教》，（台北市：大元書局，2011）。

26. 吳福助主編，《日治時期台灣小說彙編》，（台中：文听閣圖書出版，2008）。

27. 李世偉，《臺灣佛教、儒教與民間信仰》，（台北：博揚文化，2008）。

28. 李喬，《小說入門》，（台北：大安，1995）。

29. 李筱峰，《台灣革命僧——林秋悟》，（台北：望春風文化，2004）。

30. 李獻章，《臺灣民間文學集》，（台北：龍文出版，1989）。

31. 孟樊，《論文寫作方法與格式》，（台北縣：威仕曼，2009）。

32. 彼得‧布魯克（Peter Brooker）著，王志弘、李根芳譯，《文化理論詞彙》（台北：巨流圖書有限公司，2004.04，初二刷）。

33. 松村秀逸，《太平洋戰爭紀實》，（台北：中正書局，1961年臺二版）。

34. 林文寶，《兒童文學故事體寫作論》，（台北市：毛毛蟲兒童哲學基金會，1994）。

35. 林文寶主編，《兒童文學論述選集》，（台北：幼獅，1989）。

36. 林以衡，《日治時期臺灣漢文俠敘事的階段性發展及其文化意涵——以報刊作品爲考察對象》，（台北：編譯館，民98）。

37. 林守爲，《兒童文學》，（台北市：五南，1988）。

38. 林保淳，《古典小說中的類型人物》，（臺北：里仁，2003）。

39. 林述三，《礪心齋詩集》，（台北：龍文出版，2001）（臺灣先賢詩文集彙刊，第三輯；12）。

40. 范純武，王見川，李世偉，《臺灣佛教的探索》，（台北：博揚文化，2005）。

41. 崔奉源，《中國古典短篇俠義小說研究》，（臺北：聯經，1986）。

42. 張堂錡，《現代小說概論》，（台北：五南，2003）。

43. 張紹勳，《研究方法：精華本》，（台中：滄海，2004）。

44. 梁啟超，《飲冰室合集》，飲冰室專集之七十一，（北京：中華書局，1989）。

45. 許俊雅，《日據時期臺灣小說研究》（台北：文史哲，1995）。

46. 許俊雅，《講座 FORMOSA：台灣古典學評論合集》，（臺北：萬卷樓，2004）。

47. 許義宗，《兒童文學論》，（台北市：中華色研，1984）。

48. 陳平原，《千古文人俠客夢——武俠小說類型研究》，（台北：麥田，1995）。

49. 陳平原，《小說史：理論與實踐》，（台北：淑馨，1998）。

50. 陳平原，《中國小說敘事模式的轉變》，（台北：久大文化，1990）。

51. 陳金田，《臨時臺灣舊慣調查會第一部調查第三回報告書臺灣私法（第二卷）》，（台中縣：臺灣省文獻委員會，1993）。

52. 陳柔縉，《臺灣西方文明初體驗》，（台北：麥田，2005）。

53. 陳玲蓉，《日據時期神道統制下的臺灣宗教政策》，（台北：自立晚報，1992）。

54. 陳培豐，《「同化」の同床異夢：日治時期臺灣的語言政策、近代化與認同》，（台北：麥田，2006）。

55. 陳培豐，《想像和界線——臺灣語言文體的混生》，（台北：群學，2013）。

56. 陳寧，《通識中國古典小說》，（香港：中華書局（香港），2008）。

57. 曾永義，《俗文學概論》，（台北：三民書局，2003）。

58. 舒孝煌、耿直，《二戰紀事：會戰 名將 武器 組織》，（台北：麥田，1995）。

59. 黃美娥，《重層現代性鏡像——日治時代台灣傳統文人的文化視域與文學想像》，（台北：麥田，2004）。

60. 黃靜嘉，《春帆樓下晚濤急——日本對台灣殖民統治的影響》，（台北：台灣商務印書館，2002）。

61. 溫國良編譯，《台灣總督府公文類纂宗教史料彙編（明治三十五年八月至明治四十二年六月）》，（南投：台灣省文獻館，2009）。

62. 葉至誠、葉立誠，《研究方法與論文寫作》，（台北：商鼎，1999）。

63. 葉肅科，《日落臺北城：日治時代臺北都市發展與臺人日常生活（1895～1945）》，（台北：自立晚報，1993）。

64. 賈文仁，《古典小說大觀園》，（台北：丹青圖書，1983）。

65. 雷僑雲，《敦煌兒童文學》，（台北：臺灣學生，1985）。

66. 廖炳惠，《關鍵詞200：文學與批評研究的通用辭彙編》，（台北：麥田，2003）。

67. 臺灣省政府主計處，《臺灣省五十一年來統計提要》，（臺灣省：臺灣省行政長官公署統計室，1946）。

68. 齊裕焜、王子寬，《中國古代小說研究》，（福州：福建人民出版社，2005）。

69. 慧嚴法師，《台灣佛教史論文集》，（高雄：春暉，2003）。

70. 潘玉蘭，《天籟吟社研究》，（台北：萬卷樓，2010）。

71. 蔡尚志，《兒童故事原理》，（台北：五南，民80年11月，初版二刷）。

72. 蔡錦堂，《戰爭體制下的台灣》，（台北：日創社，2006）。

73. 鄭志明，《臺灣的宗教與秘密教派》，（台北市：臺原出版社，1990）。

74. 鄭政誠，《臺灣大調查：臨時臺灣舊慣調查會之研究》，（台北縣：博揚文化，2005）。

75. 魯迅，《中國小說史略》，（台北：五南，2009）。

76. 魏飴，《小說鑑賞入門》，（台北市：萬卷樓，民88）。

77. 闞正宗，《臺灣日治時期佛教發展與皇民化運動——「皇國佛教」的歷史進程（一八九五—一九四五）》，（新北市：博揚文化，2011）。

78. 闞正宗，《臺灣佛教一百年》，（台北：東大圖書公司，1999）。

79. 顧敏耀，薛建蓉，許惠玟，《一線斯文：臺灣日治時期古典文學》，（台南：台灣文學館，2012）。

二、期刊論文

1. 吳英長，〈兒童故事基架的分析〉，《臺東師專學報》第十四期，1986。

2. 吳英長，〈故事化的處理技巧〉演講紀錄。

3. 吳靖國；魏韶潔，〈從聽故事的心理反應談故事教學之原則〉，《教育科學期刊》7:1 2007.06。

4. 李玉珍，〈佛教譬喻（Avadana）文學中的男女美色與情慾——追求美麗的宗教意涵〉，《新史學》第10卷第4期（1999.12）。

5. 李季樺，〈台灣「常識」的考察——1920～1930年代初「迷信」的分析〉，《台灣風物》52卷2期（2002.6）。

6. 松金公正，〈日本殖民地統治初期佈教師眼中之臺灣佛教——以佐佐木珍龍《從軍實歷夢遊談話》為中心——〉《史聯雜誌》第35期（台北：中華民國台灣史研究中心，2000）。

7. 松金公正，〈日據時期日本佛教之台灣佈教——以寺院數及信徒人數的演變為考察中心〉，《圓光佛學學報》第3期（中壢市：圓光佛學研究所，1999）。

8. 松金公正，〈殖民地時期日本佛教對於臺灣佛教「近代化」的追求與摸索——以曹洞宗宗立學校為例〉，《臺灣文獻》（台北：台灣省文獻會，2004）。

9. 林保淳，〈通俗小說研究的起點——武俠小說研究〉，《淡江人文社會學刊》五十週年校慶特刊，2000.10。

10. 林淑慧，〈女體與國體：論謝雪漁之〈日華・英雌傳〉〉，《中國文學研究》第二十四期，2007.06。

11. 林蘭芳，〈儒耶佛三合一的宗教觀：從《灌園先生日記》看林獻堂的學佛因緣〉《紀念林獻堂先生逝世 50 週年——日記與臺灣史研究研討會》（2006）。

12. 施常花，〈兒童讀物在教育性讀書治療的應用與實施〉，《國教月刊》34卷 7.8 期（1985.2）。

13. 柳書琴，〈通俗作為一種位置：《三六九小報》與 1930 年代臺灣的讀書市場〉，《中外文學》第 33 卷・第 7 期，2004.12。

14. 柳書琴，〈傳統文人及其衍生世代：臺灣漢文通俗文藝的發展與延異（1930～1941）〉，《台灣史研究》第 14 卷・第 2 期，2007.6。

15. 翁聖峰，〈《鳴鼓集》反佛教破戒文學的創作與儒釋社群的衝突〉，《台灣文學學報》第 9 期，PP83～104，2006.12。

16. 翁聖峰，〈《鳴鼓集》反佛教破戒詩歌的意識與內涵〉，《臺灣古典文學研究集刊》第 2 號，pp309～334，2009.12。

17. 翁聖峰，〈賴和的雅俗文學觀試論〉，《彰化文獻》12 期，pp31～48，2008.12。

18. 張圍東，〈日據時代臺灣的雜誌小史〉，《國立中央圖書館臺灣分館館刊》第 7 卷 2 期，2001 年 6 月，頁 66～75。

19. 張圍東，〈日據時代臺灣報紙小史〉，《國立中央圖書館臺灣分館館刊》第 5 卷 3 期，1999 年 3 月，頁 49～58。

20. 許俊雅，〈日治時期台灣小說的生成與發展〉，（百年小說研討會會議論文，台北：國家圖書館，台南：國立台灣文學館，台灣文學發展基金會，2011 年 5 月 21～24 日），頁 9～39。

21. 許俊雅，〈日治時期台灣報刊小說的改寫現象及其敘述策略〉，《臺灣文學學報》23 期，2013 年 12 月 01 日），頁 137～174。

22. 許俊雅，〈誰的文學？誰的產權？——日治台灣報刊雜誌刊載中國文學之現象研探〉，《臺灣文學學報》21 期，2012 年 12 月 01 日），頁 1～35。

23. 黃文宏，〈虛擬無盡藏——臺灣地區佛教數位典藏的發展概況〉，《佛教圖書館館刊》45 期，2007 年 06 月 01 日），頁 26～32。

24. 黃美娥，〈「文體」與「國體」——日本文學在日治時期臺灣漢語文言小說中的跨界行旅、文化翻譯與書寫錯置〉，《漢學研究》第 28 卷第 2 期（2010 年 6 月），頁 363～396。

25. 黃美娥，〈差異／交混、對話／對譯——日治時期臺灣傳統文人的身體經驗與新國民想像（1895～1937）〉，《中央研究院中國文哲研究集刊》第二

十八期，2006.03，頁 81～119。

26. 黃美娥，〈從「詩歌」到「小説」：日治初期臺灣文學知識新秩序的生成〉，臺灣文學館主辦「跨領域的臺灣文學研究」學術研討會會議論文，2005.10.15～16。

27. 楊雲萍，〈楊氏習靜樓藏臺灣古書契偶存（十五）〉，《臺灣風物》第四十卷第三期，（台北縣：臺灣風物雜誌社，1990）。

28. 溫國良，〈日據初期日本宗教在臺布教概況〉《臺灣文獻》第 50 卷第 2 期（台北：台灣省文獻會，2000）。

29. 蔡蕙頻〈日治時期臺灣的宗教發展與尊皇思想初探〉，《台北市立教育大學學報：人文社會類》40 卷 1 期（2009 年 5 月 1 日），頁 119～142。

30. 蔡錦堂，〈日據時期台灣之宗教政策〉，《臺灣風物》第 42 卷第 4 期，1992 年 12 月 31 日，頁 105～136。

31. 蔡錦堂，〈增田福太郎的宗教寺廟與神社觀〉收錄於《臺灣宗教信仰》。

32. 釋慧嚴，〈西來庵事件前後台灣佛教的動向——以曹洞宗爲中心〉《中華佛學學報》第 10 期（中壢：中華佛教研究所，1997）。

三、學位論文

1. 大野育子，〈日治時期佛教菁英的崛起——以曹洞宗駒澤大學台灣留學生爲中心〉，（台北：淡江大學歷史學系碩士班，2009）。

2. 江思慧，〈文獻所見臺灣擬人化民間動物故事研究〉，（花蓮：東華大學中國語文學系碩士論文，2011）。

3. 吳安清，〈虎姑婆故事研究〉，（台北：東吳大學中國文學研究所碩士論文，2003）。

4. 李姿蓉，〈青少年偶像崇拜傾向與崇拜延伸消費之研究〉，（台南：南台科技大學企業管理系碩士論文，2006）。

5. 阮淑雅，〈中國傳統小說在臺灣的續衍：以日治時期報刊神怪小說爲分析場域〉，（台北：政治大學台灣文學研究所，2011）。

6. 林妙鞠，〈故事融入國小一年級加減法文字題補救教學之研究〉（嘉義縣：國立嘉義大學數學教育研究所碩士論文，2011）。

7. 林佩欣，〈日治前期台灣總督府對舊慣宗教之調查與理解（1895～1919）〉，（台北：政治大學史學研究所碩士班，2003）。

8. 林禎祥，〈宋代善書研究〉，（台北：東吳大學中國文學系碩士論文，2005）。

9. 邱各容，〈日治時期臺灣兒童文學發展研究〉，（台東：國立臺東大學兒童文學研究所碩士論文，2007）。

10. 柯喬文，〈《三六九小報》古典小說研究〉，（嘉義：南華大學文學研究所碩士班，2003）。

11. 洪曉菁，〈說故事研究〉（台東：台東師範學院兒童文學研究所碩士論文，2000）。

12. 徐郁縈，〈日治前期臺灣漢文印刷報業研究（1895～1912）——以《臺灣日日新報》為觀察重點〉，（雲林：雲林科技大學漢學資料整理研究所碩士班，2008）。

13. 崔末順，〈現代性與臺灣文學的發展（1920～1949）〉，（台北：政治大學中國文學研究所博論，2004）。

14. 張玉秋，〈日治時期宗教「迷信」話語研究〉，（台南：成功大學台灣文學系碩士班，2010）。

15. 陳建男，〈清末日初臺灣傳統文人的小說接受與創作——一個儒教視角的考察〉，（台北：台灣師範大學臺灣文化及語言文學研究所碩士班，2010）。

16. 陳淑君，〈運用莊子寓言落實生命教育教學之研究〉（台北市：國立臺北教育大學國民教育學系碩士班，2009）。

17. 陳萬福，〈科學故事融入自然與生活科技教學對國小四年級學生學習成效影響之研究〉（高雄市：國立高雄師範大學物理學系碩士班，2005）。

18. 陳慧珣，〈泰雅族民間故事研究〉，（台北：中國文化大學中國文學研究所碩士論文，2000）。

19. 曾婉君，〈《三六九小報》通俗小說中的女性形象——文學敘事與文化視域的探討〉，（台北：政治大學國文教學碩士學位班，2007）。

20. 黃聖琪，〈民間故事連續變形母題研究——以台灣漢語故事為例〉，（新竹：國立清華大學中國文學系碩士論文，2004）。

21. 葉尚峰，〈日本皇民化運動對臺灣佛教的衝擊〉，（新北市，華梵大學東方人文思想研究所碩士班，2012）。

22. 蔡素貞，〈日據時期臺灣人對日本文化之迎拒：殖民性、現代化與文化認同〉，（台北：中國文化大學史學研究所，2008）。

23. 賴松輝，〈日據時期台灣小說思想與書寫模式之研究（1920～1937）〉，（台南：成功大學中國文學研究所博論，2002）。

24. 戴佳靜，〈美濃地區民間故事研究〉，（台北：台北市立師範學院應用語言文學研究所碩士論文，2003）

25. 薛建蓉，〈日治時期歷史小說研究——以台灣報章雜誌漢文小說為考察對象〉，（台南：成功大學台灣文學系博士班，2012）。

26. 鍾家瑄，〈說故事之研究〉，（台北市：國立台灣大學圖書資訊研究所碩士論文，1992）。

27. 簡素琤，〈日治時期啟蒙思想的五個面向：台灣殖民地現代性的建立與張深切思想的指標性意義〉，（台北：輔仁大學比較文學研究所博士班，2007）。

28. 蘇正全，〈臺灣佛教與家族──以霧峰林家為中心之研究〉，（嘉義，中正大學歷史研究所博士班，2011）。

四、網路資料

1. 日本福岡縣みやこ町官方網頁
   http://www.town.miyako.lg.jp/rekisiminnzoku/kankou/person/shimoedatouson.html（查閱日期：2015.05.30）。

2. 印順法師，《說一切有部為主的論書與論師之研究》，
   http://www.yinshun.org.tw/books/41/yinshun41-00.html，（查閱日期：2015.05.02）。

3. 林朝成，《以台南德化堂為中心之台灣齋教研究──德化堂的成立史與宗教意識的認同》（行政院國家科學委員會專題研究計畫成果結案論文報告，台南：成功大學中文系，1998年6月30日）。
   http://buddhistinformatics.ddbc.edu.tw/taiwanbuddhism/tb/md/md06-05.htm（查閱日期：2013.10.12）。

4. 教育部重編國語辭典修訂本，http://dict.revised.moe.edu.tw/（查閱日期：2014.04.30）。

5. 教育部數位教學資源入口網
   http://content.edu.tw/senior/chinese/ks_rs/content/chinese/novel/most.htm（查閱日期：2014.04.29）。

6. 陳蘭村，〈略論名人傳記的閱讀功效〉，
   http://blog.sina.com.cn/s/blog_4c2ad0240100anno.html，（查閱日期：2015.02.26）。

7. 臺灣大百科全書，「南社」詞條
   http://taiwanpedia.culture.tw/web/content?ID=4537（查閱日期：2014.05.10）。

附　錄

附錄一：《南瀛佛教》故事體作品整理

卷次	出版日	欄目	標題／篇名	分類	備註
第一卷第一號	大正 12 年 7 月 10 日	說苑	慾火誤人	佛經故事	《百喻經》〈貧人燒粗褐衣喻〉
			貪夫灌蔗	佛經故事	《百喻經》〈灌甘蔗喻〉
第一卷第二號	大正 12 年 9 月 26 日	說苑	癡人說餅	佛經故事	《百喻經》〈欲食半餅喻〉
			空際造樓	佛經故事	《百喻經》〈三重樓喻〉
第二卷第一號		說苑	地理說	品德／慈善、孝順神怪故事	臺北 蔡敦輝
			呆漢食鹽	佛經故事	《百喻經》〈愚人食鹽喻〉
第二卷第二號	大正 13 年 3 月 14 日	說苑	色即是空	漢文連載小說	林述三
			尋安樂	品德／勤勉／佛經故事	蔡敦輝
第二卷第三號	大正 13 年 6 月 1 日	說苑	色即是空（續）	漢文連載小說	怪星

卷次	出版日	欄目	標題／篇名	分類	備註
第二卷 第四號	大正 13 年 8 月 20 日	說苑	色即是空（續）	漢文連載 小說	怪星
			色聲了悟	修行	釋慶妙
第二卷 第五號	大正 13 年 10 月 13 日	說苑	色即是空（續）	漢文連載 小說	怪星
第二卷 第六號	大正 13 年 12 月 23 日	說苑	色即是空（續）	漢文連載 小說	怪星
第三卷 第二號	大正 14 年 3 月 1 日	說苑	色即是空（完）	漢文連載 小說	怪星
			青白牛說	修行	述三
第三卷 第三號	大正 14 年 5 月 18 日	說苑	一念之差	漢文連載 小說	怪星
			佛家笑得好—— 食魔戒（天蓬元 帥輸了）	趣味	唐山客
			佛家笑得好—— 睡魔戒（師兄的 箍在耳下）	趣味	
第三卷 第四號	大正 14 年 7 月 21 日	說苑	玉壺冰	漢文連載 小說	唐山客
			一念之差（二）	漢文連載 小說	怪星
			佛家笑得好—— 色魔戒（師父想 亦被他迷嗎）	趣味	唐山客（未完）
第三卷 第五號	大正 14 年 9 月 6 日	說苑	玉壺冰（二）	漢文連載 小說	唐山客
			一念之差（三）	漢文連載 小說	怪星
			佛家笑得好—— 色魔戒（二）（師 父想亦被他迷 嗎）	趣味	唐山客（未完）

卷次	出版日	欄目	標題／篇名	分類	備註
第四卷第一號	大正15年1月1日	說苑	虎倀	道德／諷刺	苓草
			虎戲（賀新年）	趣味／奇聞	苓草
			虎姑婆（原來是爾的粗耳粗心了）	趣味／神怪故事	苓草
			玉壺冰（四）	漢文連載小說	唐山客
			一念之差（五）	漢文連載小說	怪星
第四卷第二號	大正15年3月20日	說苑	玉壺冰（五）	漢文連載小說	唐山客
			一念之差六）	漢文連載小說	怪星
			佛家笑得好—假冒遊方和尚（那富翁就安心快活了）	趣味	唐山客
第四卷第三號	大正15年5月20日	說苑	佛家笑得好——傳衣鉢	趣味	唐山客
			玉壺冰（六）	漢文連載小說	唐山客
			一念之差（七）	漢文連載小說	怪星完
第四卷第四號	大正15年7月18日	說苑	玉壺冰（七）	漢文連載小說	唐山客
			佛家笑得好——種菜和尚（其人一聞是咳曰是是是咳也）	趣味	唐山客
第四卷第五號	大正15年9月1日	說苑	佛家笑得好——星士家與僧家會話	趣味／迷信	唐山客未完
			玉壺冰（八）	漢文連載小說	唐山客
			諧齣偷桃	戲曲唱段／西遊記故事	怪星未完

卷次	出版日	欄目	標題／篇名	分類	備註
第四卷第六號	大正15年12月1日	說苑	玉壺冰（九）	漢文連載小說	唐山客
			佛家笑得好	禮	唐山客未完
			佛家笑得好——星士家與僧家會話（前言戲之耳）（續）	趣味／迷信	唐山客完
第五卷第一號	大正16年1月1日	說苑	廣寒宮戲齣	神仙故事戲曲唱段	林述三
			佛家笑得好——飢鷹攫兔（那就不識吾家面目了）	哲理／	唐山客
			諧談	神怪故事	怪星／毛將軍與山大王爭的故事
			玉壺冰（十）	漢文連載小說	唐山客
			談笑禪	哲理／修行	開元寺　慈音
第五卷第二號（釋尊降誕號）	昭和2年4月1日	-			無小說
第五卷第三號	昭和2年5月1日	說苑	諷議錄救濟競爭	哲理	林述三
			玉壺冰（十一）	漢文連載小說	唐山客
第五卷第四號	昭和2年8月15日	說苑	玉壺冰（十二）	漢文連載小說	唐山客（完）
第五卷第五號	昭和2年10月6日	說苑	竝蒂蓮	漢文連載小說	唐山客（錄醉古堂劍掃）
第五卷第六號	昭和2年11月10日	說苑	竝蒂蓮（二）	漢文連載小說	唐山客（錄醉古堂劍掃）

卷次	出版日	欄目	標題／篇名	分類	備註
第六卷 第一號	昭和 2 年 12 月 20 日	說苑	新龍女影片	漢文連載 小說／神 怪俠義	怪星 （轉載影片故事）
			竑蒂蓮（三）	漢文連載 小說	唐山客
第六卷 第二號	昭和 3 年 4 月 12 日	說苑	新龍女影片（二）	漢文連載 小說／神 怪俠義	怪星 （轉載影片故事）
			竑蒂蓮（四）	漢文連載 小說	唐山客
			新人生觀演藝 ——寡婦之難 第一幕	漢文連載 小說	苓草 （轉載影片故事）
第六卷 第三號	昭和 3 年 6 月 5 日	說苑	新龍女影片（三）	漢文連載 小說／神 怪俠義	怪星 （轉載影片故事）
			竑蒂蓮（五）	漢文連載 小說	唐山客
第六卷 第四號	昭和 3 年 8 月 21 日	說苑	新龍女影片（四）	漢文連載 小說／神 怪俠義	怪星 （轉載影片故事）
			竑蒂蓮（六）	漢文連載 小說	唐山客
第六卷 第五號	昭和 3 年 9 月 21 日	說苑	新龍女影片（五）	漢文連載 小說／神 怪俠義	怪星 （轉載影片故事）
			竑蒂蓮（七）	漢文連載 小說	唐山客
			新人生觀演藝齣 ——寡婦之難 第二幕	漢文連載 小說	苓草 （轉載影片故事）
第六卷 第六號 御大禮 記念號	昭和 3 年 11 月 9 日	說苑	諧談——漁樵問 答講天說皇帝	趣味	

卷次	出版日	欄目	標題／篇名	分類	備註
第七卷 第一號		說苑	新龍女影片（六）	漢文連載 小說／神 怪俠義	怪星 連載（完）漢文
			竝蒂蓮（八）	漢文連載 小說	唐山客（完）
			新人生觀演藝齣 ——寡婦之難 第三幕	漢文連載 小說	苓草
第七卷 第二號	昭和4年 3月21日	說苑	毘多王歸佛因緣 談	佛經故事	曾景來 阿育王經第三卷
			香火緣（一）	漢文連載 小說／神 仙故事	尤參
			新人生觀演藝齣 ——寡婦之難 第四幕	漢文連載 小說	苓草
第七卷 第三號	昭和4年 5月25日	說苑	阿闍世王戲曲	佛經故事 劇本	耕雲譯述　未完 《大般涅槃經》或 《佛說無量壽經》
			風水破迷小說有 序	神怪故事	怪星
			香火緣（二）	漢文連載 小說／神 仙故事	尤參（完）
			新人生觀演藝齣 ——寡婦之難 第五幕	漢文連載 小說	苓草
第七卷 第四號	昭和4年 8月11日	說苑	新人生觀演藝齣 ——寡婦之難 第六幕	漢文連載 小說	苓草 （未完，連載腰斬）
第七卷 第五號		雜錄	低能兒	趣味	日文（缺頁，剩34 頁） *移至台中發行，編 輯換林德林

卷次	出版日	欄目	標題／篇名	分類	備註
第七卷第六號		史料	佛教捷徑——譬喻篇	佛經故事	第一篇《百喻經》〈婦詐稱死喻〉第二篇《佛說譬喻經》人生有五欲之苦，須勤勉修行第三篇《百喻經》〈五百歡喜丸喻〉第四篇《雜譬喻經》〈六外道師〉第五篇修德《雜譬喻經》〈鹿王〉
			⋯⋯龐夫人的念佛⋯⋯	修行	修行應重心而非重形式
第八卷第一號	昭和5年1月1日	-			無小說
第八卷第二號	昭和5年2月1日	說苑	迷信悲話	社會案件迷信害命	松村生（未完）日文
第八卷第三號	昭和5年3月1日	說苑	迷信悲話	社會案件迷信害命	松村生（完）日文
第八卷第四號	昭和5年4月1日	-	世界一的大聖人	佛經故事	嚴谷小波原著 樵山譯述
第八卷第五號	昭和5年5月10日	-			無小說
第八卷第六號	昭和5年7月1日	-	佛教捷徑　譬喻篇	佛經故事	第一篇《雜譬喻經》身命財雖不足惜，猶不可輕第二篇《雜譬喻經》〈王捨身布施〉第三篇《雜譬喻經》世人愚惑、以空為實
			長壽王物語	佛經故事	曾景來（日文）
第八卷第七號	昭和5年8月1日	-	國王與女奴隸	佛經故事	日文　阿闍世王故事《大般涅槃經》
第八卷第八號	昭和5年9月1日	-			無小說

卷次	出版日	欄目	標題／篇名	分類	備註
第八卷第九號		-			缺
第八卷第十號	昭和5年11月1日	-	佛陀與羅睺羅	佛經故事	普信生（曾景來）《法句譬喻經》
第九卷第一號	昭和6年1月1日	-			無小說
第九卷第二號	昭和6年2月1日	-			無小說
第九卷第三號	昭和6年3月1日發行	-			無小說
第九卷第四號	昭和6年4月1日	-			無小說
第九卷第五號	昭和6年5月1日	-			無小說
第九卷第六號	昭和6年6月1日	-			無小說
第九卷第七號	昭和6年7月1日發行	-			無小說
第九卷第八號	昭和6年9月15日	-			無小說
第九卷第九號	昭和6年10月15日	-	舍衛城中一椿事	佛經故事	曾景來《佛說長壽王經》長生太子復仇故事
第九卷第十號	昭和6年11月17日	-			無小說
第十卷第一號		禪話	禪窗閒話一、老雲淨	記人	林證峰（林秋悟）
			楊震之四知	品德／正直	精神修養——天知地知你知我知的故事（19～10梶浦逸外的〈疏忽鑰匙乃教人作賊也〉有再次引用到）

卷次	出版日	欄目	標題／篇名	分類	備註
第十卷 第二號		禪話	禪窗閒話 二、倭仔愼淨的遺作兩篇 戀人騙和尚 猿精作怪	諷刺	林秋悟
			三、和尚的長鼻	趣味	出於宇治拾遺物語
第十卷 第三號		-			無小說
第十卷 第四號	昭和 7 年 5 月 1 日	研究	阿闍世王歸佛因緣	佛經故事	曾景來　漢文 《佛說觀無量壽佛經》
第十卷 第五號	昭和 7 年 6 月 1 日	研究	佛陀底出家	佛經故事	曾景來
第十卷 第六號		禪話	禪門捷徑（一） 噉肉無有罪過	談食肉問題 佛經故事	林秋梧 《文殊師利問經》菩薩戒品第二
			人死識歸何處	禪門問答 禪理／修行	臺南　林秋梧
			地獄畢竟是有是無	禪門問答 禪理／修行	臺南　林秋梧
第十卷 第七號		禪話	禪門捷徑（二） 行者唾佛	禪理／修行	臺南　林秋梧 出於《五燈會元》、《禪院蒙求》下卷
			佛今在何處	禪理／修行	臺南　林秋梧 出於《景德傳燈錄》卷六
			天堂地獄有無	禪理／修行	臺南　林秋梧 出於《景德傳燈錄》卷七
第十卷 第八號 （臺灣佛教改革號）	昭和 7 年 10 月 8 日	-			無小說

卷次	出版日	欄目	標題／篇名	分類	備註
第十卷第九號	昭和7年12月1日	-			無小說
第十一卷第一號	昭和8年1月1日	佛教文藝	大施太子	佛經故事	霞靜子（燕庸夫譯）《賢愚經》卷八
第十一卷第二號	昭和8年2月1日	-			無小說
第十一卷第三號	昭和8年3月1日	-			無小說
第十一卷第四號	昭和8年4月1日	佛教文藝	火宅之中救孩兒	佛經故事	霞靜子《法華經》火宅喻
第十一卷第五號	昭和8年5月1日	佛教文藝	佛爺和有病的和尚	佛經故事	蘆々村《法句譬喻經‧刀杖品》
第十一卷第六號	昭和8年6月1日	-			無小說
第十一卷第七號（創刊十週年記念號）	昭和8年7月10日	佛教文藝	牛乳和醫生（應病與藥）	佛經故事	霞靜子《大涅槃經哀歎品》
第十一卷第八號		-	俗弊良箴	勸世	根源編述／節錄《鏡花緣》君子國段
		-	人為財死鳥為食亡	佛經故事	曾普信《南傳本生經》第五章利變品，編號四八〈智雲咒文本生譚〉
第十一卷第九號		-	戲曲 故鄉（四幕）	翻譯劇本	朱德盧曼　原作 三好比呂作　和譯 曾普信　漢譯

卷次	出版日	欄目	標題／篇名	分類	備註
第十一卷第十號	昭和8年10月1日	-	火中之龍	佛經故事	《雜譬喻經》日文
		-	戲曲 故鄉（二）	翻譯劇本	朱德盧曼 原作 三好比呂作 和譯 曾普信 漢譯（未刊完）
第十一卷第十一號	昭和8年11月10日	說苑（原書誤植為說「宛」）	寒山拾得	唐代高僧寒山拾得逸聞	曾景來（漢文）
第十一卷第十二號	昭和8年12月1日	-			無小說
第十二卷第一號	昭和9年1月1日	-	火星夢遊記	精進修行	新竹 吳欽仁
		佛陀之教訓與比喻雜項比喻故事	木彫美人……（木師畫師）	佛經故事	《雜譬喻經》
			持戒與佈施之報應……（大象和沙門）	佛經故事	《雜譬喻經》
			惡鬼之苦毒……（目連與弟子下山）	佛經故事	《雜譬喻經》
			自己修行……（比丘被排斥）	佛經故事	《雜譬喻經》
			修道與多聞……（兄好禪弟好多聞）	佛經故事	《雜譬喻經》
		-	說犬	品德／仁義	大甲 葉有成 古代義犬救主故事
		-	螞蟻格鬥記	品德／逞貪瞋奮身而爭其愚尤甚	劉達玄
第十二卷第二號		-			無小說（31頁後缺頁）
第十二卷第三號		-			無小說

卷次	出版日	欄目	標題／篇名	分類	備註
第十二卷第四號		-			無小說
第十二卷第五號		-			無小說
第十二卷第六號		布教資料 兒童文藝	一、掩耳盜鈴	寓言故事	
			二、就是你	趣味	稱謂
			三、枇杷案	逸聞／機智	曹操
			四、橘子的故事	神仙傳說	
			五、九曲珠	機智	螞蟻穿線
			六、月下的愚孩子	趣味	丟月餅給影子的故事
			七、馬頭娘	神怪傳說	《搜神記》〈女化蠶〉
			八、狐假虎威	寓言故事	《戰國策‧楚策一》
			九、田螺精	神怪傳說	《搜神後記》〈白水素女〉
			一〇、到底如何	寓言故事	空想無益
			一一、破缸救人	機智	司馬光
			一二、埋蛇免害	仁	孫叔敖
			一三、產金蛋的鵝	寓言故事	伊索寓言
第十二卷第七號		-	誠心的贈禮	品德／仁.慈	榮俊生　俄國
		布教資料 兒童文藝 （二）	一、干尼德黑爾斯坦	趣味故事／品德／踏實	
			二、大饅頭和大包子	趣味故事／機智	
			三、舊馬掌	品德／勤	馬掌：馬蹄鐵
			四、狼與鶴	尊重	伊索寓言／狐狸與鶴

卷次	出版日	欄目	標題／篇名	分類	備註
			五、孟母	品德／勤學	
			六、獅與狐	機智／寓言	伊索寓言
			七、烏與狐	機智／寓言	伊索寓言
			八、軟耳翁	寓言	伊索寓言／父子騎驢的故事
			九、老鼠會議	寓言／說的容易，行難	貓繫鈴鐺的故事 英語諺語故事
			一〇、爭子	機智	猶太：所羅門王的審判／聖經列王紀上 3 章 16-28 節
			一一、守財奴	品德／淡泊	
			一二、讓產	品德／友愛	
			一三、蠢賊	趣味	
			一四、狐仙帽	神怪傳說	狐仙故事
第十二卷第八號		-	情慾之悲哀	精進修行／佛經故事 萬物無常	《法句譬喻經》
		-	愛與怨		長生太子（日）《佛說長壽王經》
		-	孟蘭盆會	盂蘭盆會由來	目蓮救母
		布教資料兒童文藝（三）	一、矮姑娘	神怪傳說	
			二、審石頭	機智	包公審石頭
			三、打水山	神怪傳說	暴躁易怒招禍
			四、飛行鞋	機智／勇氣	德國童話，類似傑克魔豆
第十二卷第九號		-	牛郎織女的故事	民間傳說	蔡維肖 七夕由來

卷次	出版日	欄目	標題／篇名	分類	備註
第十二卷第十號		布教資料兒童文藝（四）	一、小八狗	神怪傳說	
			二、兩個弟兄	神怪傳說	與〈小八狗〉同為〈琵琶法師和小八狗〉故事的前後段
			三、牛郎	神怪傳說	
			四、盒仙	神怪傳說	
			五、孽龍	神怪傳說	人變龍的故事／四川都江堰
			六、蛇人	神怪傳說	《聊齋誌異》
第十二卷第十一號	昭和9年11月1日	-	美人的醜	佛經故事	皮相是虛幻的
		兒童文藝	花果山	神怪故事	《西遊記》
第十二卷第十二號		-			無小說
第十三卷第一號	昭和10年1月1日	-			無小說
第十三卷第二號		佛陀之教訓與譬喻雜譬喻經故事	藝人與牛（伎兒作種種伎喻）	佛經故事	《雜譬喻經》
			頭陀比丘頓悟（喜根喻）	佛經故事	《雜譬喻經》就算不信說法而曾有所毀謗，但同果能知其過而精進於修道，先前一旦之損失也可能招來永遠的利益
			雨（龍昇天之喻）	佛經故事	《雜譬喻經》受者所持有的罪、福所引起的結果
			善報來（醫師治大王病之喻）	佛經故事	《雜譬喻經》信得夠深，善報自然就會自行前來
			要參照各種經典（王子入山的比喻）	佛經故事	《雜譬喻經》不要人們以為一套經書就包括了一切
		-	土地婆	傳說故事	亮庭 撰景賢評論，點出女權意識抬頭

卷次	出版日	欄目	標題／篇名	分類	備註
第十三卷第三號		-	蜈蚣報恩	神怪故事／善有善報	誰良
		-	釋迦傳童話劇佛陀永生（二幕）	佛經故事	上野祐誠原著　二樹庵（林德林）譯述
第十三卷第四號	昭和 10 年 4 月 1 日	-	白話文藝透視底眼睛	傳說故事（類似桃花源）	呂槍魂
第十三卷第五號		-			無小說
第十三卷第六號		-			無小說
第十三卷第七號	昭和 10 年 7 月 1 日	-			無小說
第十三卷第八號	昭和 10 年 8 月 1 日	-			無小說
第十三卷第九號		-	理想奇案	抨擊基督教	常諦
第十三卷第十號	昭和 10 年 10 月 1 日	-	閭長官與天臺的三隱	禪宗故事寒山拾得	曾景來第 11 卷第 11 號以漢文刊過，在此則以日文刊載
		童話	原文：親心翻譯：爲人父母	佛經故事	霞靜子《法華經》窮子喻
第十三卷第十一號		-			無小說
第十三卷第十二號	昭和 10 年 12 月 1 日	-			無小說

卷次	出版日	欄目	標題／篇名	分類	備註
第十四卷第一號	昭和11年1月1日	-	疑心暗鬼	說理	
第十四卷第二號	昭和11年2月1日	-			無小說
第十四卷第三號	昭和11年3月1日	-	因果實錄	因果報應	
第十四卷第四號	昭和11年4月1日	-			大多數未譯
第十四卷第五號	昭和11年5月1日	-			無小說
第十四卷第六號	昭和11年6月1日	-			無小說
第十四卷第七號	昭和11年7月1日	-			無小說
第十四卷第八號	昭和11年8月1日	-			無小說
教第十四卷第九號	昭和11年9月1日	-			無小說
南瀛佛教第十四卷第十號	昭和11年10月1日	-			無小說
南瀛佛教第十四卷第十一號	昭和11年11月1日	中華因果錄	謗佛果報	因果報應	
			貪鄙之報	因果報應	

卷次	出版日	欄目	標題／篇名	分類	備註
			殺生現報	因果報應	
			殺生慘報	因果報應	
			貪慾之報	因果報應	
			雜間貪求之報	因果報應	
			孝女割股	孝	
			慳吝果報	因果報應	
			貪財雷擊之報	因果報應	
			求子貪雞慘報	因果報應	（佛教日報）
			殺生投雞依佛超拔	因果報應	
			念佛改過得善報	佛法的力量	
第十四卷第十二號	昭和11年12月1日	-			無小說
第十五卷第一號	昭和12年1月1日	中華因果錄	義犬雪冤	惡有惡報	
			害人害己	惡有惡報	
			貪財負義報	惡有惡報	
			鼠聽經入化	修行	
			殺生現報	報應	
			貪財冤死果報	惡有惡報	
			冤魂示影	因果	
			耕牛救主人出火窟迷惘中急握牛尾遂被導至安全地	異聞	
			爲惡果報種種	因果	
			病馬報恩	善有善報	
			義犬雪冤	惡有惡報	
			魚鱉索命	因果	覺園
			怪胎	異聞	
			義犬記	異聞	

卷次	出版日	欄目	標題／篇名	分類	備註
			小燕報恩	善有善報	秋影
			冤不可結	勸善	清平
			詐財變騾	因果報應	清平
			毀寺報	因果報應	
			念佛增壽	念佛之益	
			割肉療親足為末世風	孝行	
			虐姑變牛	因果報應	
第十五卷第二號	昭和12年2月1日	中華因果錄	孝牛知物	孝	（許多篇章與上一號的內容類似）
			孝親感應記	佛經故事	《法句經》慈仁品
			犬救主	異聞	
			祈佛兩次獲救	異聞	蓮舌
			誦大士聖號避怨鬼	異聞	
			毀佛之報	因果報應	
			念佛手愈	念佛之益	楊目善
			龜報恩	善有善報	
			義犬兩次救主	異聞	
			護鮮得報	勿殺生	
第十五卷第三號	昭和12年3月1日	-	佛教童話 盧至長者	佛經故事	《盧至長者因緣經》
		-	一杯米汁	佛經故事	《大智度論》卷8
		文苑	天臺山的僧伽		記敘、介紹
			貴州苗女		記敘、介紹
			殺狗慘報	惡有惡報	寬靜
			謀財喪命	惡有惡報	
			犬斃蟒報恩	善有善報	
			義牛	異聞	
			禮地藏病愈	念佛之益	李圓淨
			毀寺果報	因果報應	
			老鼠選女婿	說理	不好高騖遠

卷次	出版日	欄目	標題／篇名	分類	備註
		布教資料譬喻集	福相的傳授	說理	清心遠慾努力工作自會致福
			前輩相交	說理	有才者惺惺相惜，合作力量更大
			葉公與龍	品德（行善）	典故出處：漢劉向・新序・《雜事》第五
			猴肝	機智	
			紅石頭	說理	專心致意在工作上就會成功
			怪樹	說理	不要沾染酒色財氣
			妻子	說理	妻子要有的好德行
			矛盾	說理	《韓非子》矛與盾
第十五卷第四號	昭和12年4月1日	-	兩頭之蛇	佛經故事	《雜譬喻經》（敬師）
		-	冤罪	佛經故事	江部鴨村《雜寶經》
第十五卷第五號	昭和12年5月1日	-	年青人與牛	佛經故事	雪山浩一《有部毘奈耶卷》卷第二十五
		-	從作文找蛛絲馬跡	國際趣聞	
第十五卷第六號	昭和12年6月1日	-	佛典故事不忘恩	佛經故事	《瓔珞經》
第十五卷第七號	昭和12年7月1日	-	-	-	無小說
第十五卷第八號	昭和12年8月1日	-	佛化女訓百話	佛經故事	《佛說九色鹿經》
		傳說集	會點頭的木像		傳說故事
			觀世音與獵人	觀音慈悲	
			石芋	吝嗇	
			求雨的和尚	誠心修行／慈悲	
			瀨淵	守本分	

卷次	出版日	欄目	標題／篇名	分類	備註
第十五卷第九號	昭和12年9月1日	道話集	阿難與耆婆	佛經故事	阿難聽聞世尊說法時，連醫師耆婆在他背上切除腫瘤都恍若未覺。《分別功德論》卷三
			智慧之眼	佛經故事	阿那律尊者的故事《增壹阿含經》卷第三十一
			勝怨	佛經故事	《佛說長壽王經》長生太子的故事
			平常的修業	佛經故事／國民精神	《大莊嚴論經》
			堅強的信念	國民精神	
			蓮月尼師的膽力	逸聞	（主角為尊皇派）大田垣蓮月（寬政3年（1791）～明治8年（1875年）江戶時代後期的尼僧・歌人・陶藝家
			兒玉大將的沈著	逸聞	將軍的偉大
			君臣一致	逸聞	仁君（德川將軍）
		布教資料逸話集	桃水與知法尼師	修行的信心	桃水和尚（1604年生）
			天授的威德	逸聞	豐臣秀吉收服大將
			蘇格拉底的遺言	品德／誠信	古希臘哲學家
			河村瑞軒的機智	智慧	1617～1699年江戶時代初期政商
			和顏愛語	逸聞／品德／慈愛	法國　拿破崙
			煮人的鼎	逸聞／品德／仁	本多重次／戰國時代——安土桃山時代武將，德川家臣
			奇才蘭丸	機智	安土桃山時代武將，織田信長的側近（16世紀）

卷次	出版日	欄目	標題／篇名	分類	備註
			背著棺槨的大雅	品德／孝	畫家池大雅／江戶時代 1723 年～1776
			名演員的最高藝術	逸聞	元祿時代有名演員中山南枝（1688 年～1703 年）
第十五卷第十號	昭和 12 年 10 月 1 日	布教資料逸話集	空色之煙	名人逸聞	卑斯麥
			孔子與隱者	品德／為眾生謀福	
			雲水生活	品德／虔誠	桃水和尚（1604 年生）自力將佛寺用來當成籬笆的卒塔婆換掉，感召了淺草區的曹洞宗寺院
			山岡鐵舟與劍道	品德／毅力	幕末的劍豪禪師
			泰利斯的熱心	小心細微處	希臘 天明腳暗
			人格之力	品德	江戶時代初期陽明學者。近江聖人稱／中江藤樹
		譬喻集	盲人與提燈是世間常有之事	說理／自省	此故事中、日皆傳，應為佛經故事
			愚蠢的百姓	佛經故事	《百喻經》〈比種田喻〉
			無常		榮枯盛衰生者必滅的道理
			易怒的男人	佛經故事	《百喻經》〈說人喜瞋喻〉
			燒炭女遊京城	說理	趣聞
			欲念的錯誤	說理／貪欲	
			錢與人	說理／貪欲	
			自己頭上的蒼蠅	說理／管好自己	

卷次	出版日	欄目	標題／篇名	分類	備註
			大佛餅		凡事不求甚解的人，徒迷惑於高遠的理想中是理所當然的，把事務看作是俗小卑微，反而輕蔑他人，徒招失敗。
			吃鹽的男人	佛經故事	《百喻經》〈愚人食鹽喻〉
			忍耐	知易行難	實踐優於學問
			假面具	佛經故事	《百喻經》〈山羌偷官庫衣喻〉
			致富的祕密	說理	儘可能不浪費，勤儉儲蓄，滴水入大容器中，總有一天是會滿的
		教化資料道話集	狐卷子的名言	說理／自我精進	五不足恃《韓詩外傳》卷八
			祁黃羊的公正	品德／公正	內舉不避親，外舉不避仇《呂氏春秋·去私》
			涅槃之義	鼓勵信仰	一休和尚／獨來獨去迷，教以不來不去之道。室町時代臨濟宗（1394～1481）
			人中的白蓮花	佛經故事	蓮華色尼的故事
			千丈與祖曉的禪問答	逸聞	黃蘗的千丈禪師／兩僧機鋒相對的故事
			自省	逸聞	僧人指出刑罰愈嚴表示當政者愈失民心
			大智慧者（童話）	佛經故事	大施太子的故事《賢愚經》卷八

卷次	出版日	欄目	標題／篇名	分類	備註
第十五卷第十一號	昭和12年11月1日	實話集	大西博士的古怪風格	逸聞	眼科權威
			男髮結	逸聞	男扮女裝的結髮師阿清（但仍有強調「完成了國民應有的義務」——服役）
			死亡之美	逸聞	豐國銀行總裁永見勇吉，面對死亡仍十分從容
			畫家百穗的友情	逸聞	畫家矢澤弦月／平福百穗
			施仁術的大阪先生	逸聞	
		教化資料因緣集	善業之報	善有善報	
			母愛	品德／堅忍	
			敬神之野	品德／孝	義大利
			因奇克普之鐘	惡有惡報	蘇格蘭
			騙子與孝子	品德／孝	
			聶巴與達哈	品德／善良	阿拉伯
			善人	品德／正直善良誠信	
			眞心誠意	佛經故事／孝	孝子薩馬披鹿皮取奶孝
			犬寺	逸聞	
			蟹的報恩	善有善報	女孩買下螃蟹放生，多年後蟹群殺了蛇精救了女孩
			常陸山	愛國／奉獻	

卷次	出版日	欄目	標題／篇名	分類	備註
第十五卷第十二號	昭和12年12月1日	布教資料因緣集	聞偈捨身	佛經故事	《大般涅槃經》卷第十三
			菩薩與鵝鳥	佛經故事	《大莊嚴論經》卷十一
			朝向光明的彼岸	信仰／悔過	世上沒有無罪之人，一起把心垢洗掉，體認信仰之光，過著懺悔的生活，在人生上是最富深義的事情
			勤勉獲善果	善有善報	
			新生之境	佛經故事	《賢愚經》指鬘懺悔故事
		教化資料逸話集	兩個誓願	堅忍	大富豪安田善次郎（1838～1921，日本四大財閥之一安田財閥之祖）
			石田三成的最後準備	逸聞／意志	日本戰國時代（1467～1603）武將
			風外禪師富士之讚	機智	江戶前期曹洞宗畫僧。永祿11年（1568）上野生
			名人的懷念	逸聞／節操	大倉派的打鼓名人吉田助六的認真與正直
			木戶孝允的晨間禮拜	逸聞／節操	維新三傑之一
			弱者要多練習	機智	環溪和尚（久我環溪）1817年生
			尊融上人的自制	品德／節制	尊融上人察覺自己的執念
			丟掉荻蘆	立志	浮世繪畫家歌川國芳／1798～1861江戶時代末期

卷次	出版日	欄目	標題／篇名	分類	備註
第十六卷第一號	昭和13年1月1日	奇談與風流	阿彌陀之原佛塚	修行	和尚惠達因一小小的執念而無法成佛，最後看見衰老的當年的美人而放下執念
			在慈光寺的天狗	繁華一場幻夢	鄉下佛寺的僕役被天狗帶到京城遊覽，夕陽西下後想起自己的職責，返回原處
			麥克雷的苦心	品德	麥克雷寫作《英國史》用心嚴謹
			珍惜寸陰	精進	尾藤二洲（江戶時代後期的儒學者）珍惜時間學習，終成一個有學問的人。
			努力的功用	精進	下枝薰村（下枝董村，1807～1885）逃難仍不放棄每天練習書法，最後成爲書道專家。
			從伙夫到畫聖	精進	顯幽齋逸見一信（幕末狩野派畫家）爲成爲畫家一方面做著低下的工作，一方面學習、練習，終於成功。
			原稿稿費達一百二十萬元	逸聞英	英國自由黨黨魁羅依特・喬治六年來的稿費比英國首相的薪水還多
			令人感的女佣人	逸聞／善待他人獲回報	女佣去世後將遺產贈與對他極好的女主人。

卷次	出版日	欄目	標題／篇名	分類	備註
			亡者會	異事	某氏比賽打撞球輸了被起鬨扮成亡者。回家後發現祖母去世，時間點正是他被決定扮成死者時
			長崎的電話	異事	店主接到弟弟來電，表示生病了，但其實當時兩地的電話並未開通，店主趕到時，果然弟弟早已過世，時間正是店主接到電話之時
			秋風直入懷中	逸聞／逗趣	俳句詩人角田竹冷（同時是東京市市長秘書）作詩調侃自己被偷走錢包
			荻上之風	逸聞／精進（修行？）	京都天龍寺開山祖師夢窗國師對於女色誘惑不為所動
			霜神社	逸聞／逗趣	和泉式部（平安時代中期和歌歌人）的機智回答
			和尚頭	逸聞／逗趣	誠拙和尚跌傷頭，好友狂歌名詩人田蜀山人寫詩贈之，和尚也幽默的回贈。誠拙周樗、（1745〜1820）江戶時代中期至後期臨濟宗僧・歌人
			雖然很小，畢竟也是菫草	逸聞	商店的小女兒筆子小小年記寫了好些富有意味的詩
			碩布之風懷	逸聞／品德	川村碩部（俳句詩人）面對家道中落仍能以開闊胸懷面對

卷次	出版日	欄目	標題／篇名	分類	備註
			硯也燒毀筆也燒光	逸聞／品德	俳句詩人北技家遇祝融仍能豁達面對
			正月四日	逸聞	僧人秋之坊瀟灑的面對死亡。生年不詳～1718，江戶時代俳人松尾芭蕉的門人
			四歲之子寫的俳句	逸聞	幾則由年幼孩童寫出富有意境的好詩的逸聞／小林一茶 1763～1827
			茄子問答	逸聞	客人來拜訪山東京傳（江戶時代後期浮世繪師、戲作者）就茄子寫了詩
			今日之月	逸聞	善良的詩人一茶為農夫寫借據，助他成功借到錢
			落河流水	逸聞	連歌詩人里村昌琢高超的作詩能力
			是屁還是風？	逸聞／品德	有人寫詩調侃盲人，被調侃的盲人也機智回覆反諷回去
			盲人與歌之俳句	逸聞	盲人寫的三首好作品
			丟臉	逸聞／品德	太守木下和多調侃認真工作的民眾，被指謫後道歉並作詩責己
			更換開玩笑	逸聞／逗趣	參觀傳統祈福祭典未果，作詩自嘲被神明開玩笑了
			海中之武者	逸聞／機智	豐臣秀吉臣下的機智問答

卷次	出版日	欄目	標題／篇名	分類	備註
			才藝才是敵人	品德	中院通躬（江戶時代中期公卿、歌人）：有才能要更謹慎
			野中之清水	逸聞	才女矢部正子（1745生）的逸聞
			不知死活的死豬	逸聞／機智	將軍因為臣下的詩作，大受感動，放棄狩獵這項嗜好
			萬里長城不禦胡	逸聞	軍神廣瀨中校（日俄戰爭時歿）展現聰明才智
			就要死了嗎？	逸聞／愛國	豪傑多平郎忠勝（本多忠勝，德川四大天王之一），臨終時仍不忘皇恩。
			風雅的乞丐	逸聞	在去世的乞丐斗笠中發現其所寫的一首詩
第十六卷第二號	昭和13年2月1日	道話與逸話	賣白蘿蔔攤販的懺悔	品德	一個人經過困苦以及懺悔，才能確實改過向善，把最好的本性展露出來
			三種迷戀	品德（勤勉勞動）	棉花商薩摩治兵衛（1831年-1900年）近江商人，由極貧出身而成功的豪商
			想變成佛	品德（勤勉勞動）	一休和尚認為，人們如果想成佛或者成了佛也不能呆著不動，必須持續工作與貢獻才行
			忍耐智慧袋	佛經故事	《阿育王譬喻經》佛說一句偈，千金不能比
			清淨的善心	佛經故事	貧女因為布施終成為皇后《雜寶藏經》卷四

卷次	出版日	欄目	標題／篇名	分類	備註
		逸話集 逸話集	禪師的掃廁所	品德	廣州禪師親自打掃醫院的廁所，禪師的風範感化眾人，從此使用廁所都主動保持清潔。
			有什麼事？	逸事	大燈國師以淡然態度驚退強盜。
			南洲的偉大	逸事	透過西鄉隆盛的小故事展現其人格（維新三傑）〈偶感〉幾歷辛酸志始堅 丈夫玉碎恥磚全我家遺法人知否 不爲兒孫買美田
			人生之寶	哲理	圓清禪師爲木材商之女祝禱，讓她理解自己很幸福，進而不懼死亡，最終因爲安心而病癒。
			日置默仙禪師的悠哉	逸事	禪師跌倒之際仍能悠哉吟出詩句
			含羞草的教訓	品德／哲理	武士三好松之助從含羞草體悟要有忍耐的美德，最終成爲了不起的武士。
			以心傳心	逸事	天桂禪師與白隱禪師修爲高深，對彼此也十分了解的趣味故事。江戶中期曹洞宗學僧／江戶時期臨濟宗著名禪師
			只有這杯酒不能與你分享	逸事	宋朝景文因才招忌，從容不迫的飲下毒酒。
			膽子	逸事	大久保彥左衛門（江戶幕府旗本，德川家臣）以豪邁膽識及智慧教訓紈褲子弟

卷次	出版日	欄目	標題／篇名	分類	備註
			桃水的灑脫	逸事	僧人桃水灑脫面對危機
			惟慧禪師與算命仙	逸事	算命仙說惟慧禪師會一生貧窮寂寞，禪師反覺欣喜，覺得這表示自己能在修行上精進
			一戒也不持	逸事	惟慧禪師（18世紀）「本來無一物」的概念
			太閤與部下	逸事	豐臣秀吉對部下展現赤誠，表示即使部下辭職離開，自己還是隨時敞開大門等待他們回來，感動眾部下
		譬喻集	最重要的寶物	品德／哲理	某夫人告訴愛慕虛榮的友人孩子是最大的寶藏，應好好教育之
			轉迷開悟	品德	不孝子因父母之愛迷途知返
			獻人祭拜	佛經故事	《百喻經》〈殺商主祀天喻〉
			鶴與蝦		老鶴假意幫魚，其實是欺騙他們讓自己得以飽腹，最後被蝦子識破詭計，被蝦子殺死。
			流離王物語	佛經故事	《增壹阿含第三四品第二經》
			八十歲開始學藝	品德／勤學	德川時代名儒者雨森芳洲八十歲開始學習和歌，精神令人敬佩

卷次	出版日	欄目	標題／篇名	分類	備註
第十六卷第三號	昭和13年3月8日	譬喻與因緣	聰明的烏鴉	佛經故事	改編自《雜寶藏經》卷10烏梟報怨緣
			穀賊	佛經故事	改編自《法苑珠林》卷36
			慾望很深的獺	佛經故事	兩獺相爭，最後狐狸漁翁得利。改編自《法苑珠林》卷53〈分鯉〉
			狼的斷食	佛經故事	狼守齋改編自《法苑珠林》卷54
			長者與窮子	佛經故事	《法華經》第四品窮子喻
			愚人讚父反而損父	佛經故事	《百喻經》〈嘆父德行喻〉
			超越人力的努力	修行／佛經故事	《雜阿含經·卷九》以琴弦比喻修行不可太緊逼、太鬆懈，才能有好成果。（之前刊過，人物背景有一點不同）
			稱名的功力	修行	印度。唱誦佛號的殊勝功德，盜賊也皈依佛門。
			鐘的響聲		未譯
			象、猿與鴿子	佛經故事	《經律異相》卷四十七·三禽獸本生。
		因緣集	人間愛的極限	逸聞／品德／寬恕	慈善家青木的夫人雪子當年給予救助的逃犯後來成了傷害自己親人的兇手，夫人仍不計舊怨領養照顧兇嫌的孩子
			有柳澤隧道的大慘案	逸聞／福禍無常	火車在隧道中發生事故，原本因為猜拳輸了被迫要到前面車箱的人，沒想到反因此逃過一劫

卷次	出版日	欄目	標題／篇名	分類	備註
			可怕的罪報	警世／報應	強盜殺人幾年後，妻子生下的嬰兒身上有著像當初被殺的商人身上的傷，強盜也因孩子引發的火災而被燒死
第十六卷第四號	昭和13年4月1日	因緣與傳說	石下之蛇	因果／勸善	
			敦厚老實的當舖老闆	勸善	和第17卷第1號〈倉庫的哭泣聲〉是情節幾乎相同的故事
			奈良南圓堂緣起	信仰虔誠得善果	
			淺草觀音像	信仰虔誠得善果	
		傳說集傳說集	財富有五萬元之多的富翁	信仰虔誠得善果	
			王瀨長者	萬物有靈／敬神	
			洗腳房子	神怪傳說	
			平將門與青梅寺	逸聞	平將門以梅樹榮枯卜誓願之吉凶
			不要讓機會溜走	勵志	英國
			櫻櫻池	神怪傳說	
			割草仁王	神怪傳說／逸聞	
			伐木之精	神怪傳說	
			漚兒之塚	神怪傳說／逸聞	
			毒蛇與山鼠	佛經故事	《經律異相》卷47
			淺香沼的人身獻供	神怪傳說／觀音神威顯赫	

卷次	出版日	欄目	標題／篇名	分類	備註
		逸話集	澤庵禪師與柳生十兵衛	逸聞／品德／謙虛	日本江戶初期（17～19世紀）臨濟宗大德寺派的高僧
			象山與松陰	逸聞／品德	象山：明治維新重要人物
			血塗之面	逸聞／機智	能劇名人的機智與專業
			四攝法	逸聞／德行	輔佐德川家老臣善於勸戒主上
			遊戲與人物	逸聞	以下棋看太閣秀吉和關白秀次性格
			大雅與其妻	逸聞／夫妻相處	畫家池大雅／江戶時代 1723 年～1776
			至孝的公助	逸聞／品德／孝	太政大臣藤原兼家的臣下公助
第十六卷第五號	昭和13年5月1日	道話・逸話・美談	介子推的忠節	忠君愛國	中國
		逸話集	善盡於此生	慈善／布施	大原智乘禪師／此生難得，把握機會行善
			能殺人的唾沫	逸聞	大務卿大久保利通的豪壯事蹟（明治維新三傑）
			無南的面目	逸聞	無南和尚的豁達開闊，即使被誤解仍坦然接受
			艱苦困難正是最好的磨練	逸聞	名人刻苦努力成功的事蹟／農工銀行的常務董事杉本正幸
		美談集	魂魄呼喚的力量	逸聞／信念的力量	乳娘強烈的意念祈禱喚醒失去神智的少爺
			衣囊的遺言狀	忠君愛國	內閣大臣原敬為求國家昌盛不惜殉死

卷次	出版日	欄目	標題／篇名	分類	備註
第十六卷第六號	昭和13年6月1日	譬喻與因緣	互相幫助	品德／勸善	男子救了烏龜的故事
			義俠猴子	義／機智	猴子義助小鳥一家，與蛇搏鬥救出小鳥
			許由的德性	品德／逸聞	中國
		因緣集	不動之利劍	修行／逸聞	高僧祐天僧正兒時堅忍修行獲得神明加持護祐
			雪中之筍	品德／孝	中國
			父親的懺悔	品德／孝	父親因孝女而改過
第十六卷第七號	昭和13年7月1日	因緣集	佛緣物語		未譯
			紫白檜		未譯
		道話集	明惠上人	修行／逸聞	鎌倉幕府時代的華嚴宗高僧明惠上人
			自己努力改進向上吧	勵志	印度，阿克巴大帝長線變短故事
			賢臣松平信綱	品德／忠君愛國	爲主君鞠躬盡瘁、奉公忘私的忠臣故事
			誕生佛的奇緣	逸聞	巧妙的因緣下，齊前空外和尚購得誕生佛像
			毒蛇轉世	修行／因果	僧人得知自己前生因緣，而更精進修行
			明雲僧正的劍難	警世	受占卜的影響而念茲在茲，最後果眞遭受劍難

卷次	出版日	欄目	標題／篇名	分類	備註
第十六卷第八號	昭和13年8月1日	美談與說書	有其母必有其子	品德／修行	原先迷失於俗世盛名的僧侶惠心因母親教誨醒悟專心修行成大知識
			犧牲的美德	品德／犧牲	領主仁德欲爲人民犧牲，女傭忠義自願代主
			嚙舌自盡的義犬	品德／忠	犬殉主
			師徒的情誼	品德	美國，胡佛即使成爲總統，仍對過去的老師十分敬愛
			嚴正不阿的父親	品德	美國總統卡爾文·柯立芝不利用權勢爲兒子安排工作
			獄中的兄弟	品德／孝	野村子爵之兄入獄仍不忘刻苦賺錢給母親，浪蕩的野村受感動後悔悟
			母性堅強	品德／慈	飢荒時母親割肉餵子
			稻束的去向	品德／友愛	兄弟友愛的故事
			大臣與拉車夫	品德／仁	原敬成爲大臣後仍將童年玩伴的家僕視爲家人加以照顧
		說書	二十四孝	詼諧／諷刺孝順	
第十六卷第九號	昭和13年9月1日	-	臺灣的怪談		曾景來（未譯）
		美談集	源三同行		未譯
			三日月物語		未譯
			萬納屋のリキさん		未譯
			恩典取消の請願		未譯

卷次	出版日	欄目	標題／篇名	分類	備註
第十六卷第十號	昭和13年10月1日	美談與實話	王妃之貞淑	品德／貞淑	印度。公主自願將眼睛遮起和盲眼丈夫同甘苦
			美麗的友情	品德／仁義	赴南洋開墾是幫助國家
			跑了五百哩路而回家的狗	逸聞	美國
			親子的再會		女兒尋父的美談
			感應道交	慈	母親的愛讓病重的兒子起死回生
第十六卷第十一號	昭和13年11月1日	-	一休和尚與其母	逸聞	西岡英夫
		逸話集	那須也別莊之溫泉	逸聞／品德（節儉）	乃木大將簡樸節約事蹟
			勞動的可貴與令人尊敬	逸聞／品德	法國拿破崙／尊敬勞動者
			庭院的掃除	逸聞	千利休（戰國時代——安土桃山時代商人、茶人1522～1591）
			首相與料理人虎松	逸聞／高尚的人品	首相原敬受人民景仰的事蹟
			三里之道與一文	品德／修行（精進）	鐵眼禪師／1630～1682日本黃檗宗僧
			風外慧薰的怪力	逸聞／修行（精進）	江戶前期曹洞宗畫僧1568生／粗衣惡食仍歡喜接受
			小野友次郎的苦學	逸聞／品德	三井銀行董事／刻苦努力最終獲得成功
		-	吳鳳廟物語	逸聞／品德	曾景來 融入日本復仇思想之吳鳳事蹟

卷次	出版日	欄目	標題／篇名	分類	備註
第十六卷第十二號	昭和13年12月1日	譬喻集	朝起大菩薩	良好生活習慣／勤勉	早起勞動，珍惜光陰
			人偶之聽泉	逸聞／機智	鳳潭和尚（江戶時代中期學問僧，爲日本華嚴宗祖師）
			御禮之先取	修行	明治時期椿原了義和尚／佛法不該以金錢來衡量
			假名的錯誤	說理	如果能用平常心面對，任何事都是吉利的
			孝順的媳婦	品德／慈／孝	婆婆的善良慈祥感化不孝的媳婦
			照顧你的腳下吧！	佛經故事	《舊雜譬喻經》〈狐言婦癡喻〉
			園內之猿	聰明反被聰明誤	動物寓言
			烤肉	佛經故事	17-2 曾景來〈兔子的傳說〉提到，這個故事應該是印度傳來，後來這則故事在《雜寶藏經》中的記事有稍加潤色，《西域記》更是加以引用《經律異相》卷47
第十七卷第一號	昭和14年1月1日	奇談集	奢華的宴會	世界奇聞	
			人間千手觀音	奇人逸事	
			有第六感的男人	奇人逸事	

卷次	出版日	欄目	標題／篇名	分類	備註
			鰯之雨	地方奇聞	下魚雨
			復活的死刑犯	世界異聞	英國
			少女的幻覺	地方奇聞	
			恐怖的報知	地方奇聞	
			女土人恐怖的力量	世界異聞	非洲
			鷹與朋友	世界異聞	美國
		實話集	愛語回天	逸聞	關懷讓犯人悔過
			銀座的長鬍子酒仙	逸聞	隱者百瀨二郎的逸聞
		逸話集	被拋棄的妻子	名人逸聞／勵志	大學者安積艮齋
			怒斥犬山侯	名人逸聞／品德	雪潭和尚 1801～1873 臨濟宗僧
			決生	逸聞／勵志	河村瑞軒 1617～1699 年江戶時代初期政商
			憂憤而死的老虎	地方奇聞	
			補鳥的名人	逸聞	
			倉庫的哭泣聲	逸聞／勸善	和 16 卷第 4 號〈敦厚老實的當舖老闆〉同一個故事
			米粒中的六百個字	奇人逸事	
			柔道捕鼠	奇人逸事	
			猴子的復仇	奇人逸事	
			照片中的幽靈	地方奇聞／神怪	

卷次	出版日	欄目	標題／篇名	分類	備註
第十七卷第二號	昭和14年2月1日	-	一隻瓶子	品德／勤勉	法國巴黎
		-	大施太子	佛經故事	霞靜子（11-1爲漢文版，本篇爲日語版）《賢愚經》卷八
		奇談與美談	活人的土葬	地方奇聞	
			文帝與鄧通	逸聞／愛之足以害之	中國
			檸檬茶屋	世界奇聞	美國
			斥責客人的雷婆	逸聞／趣聞	
			殺人植物	世界奇聞	印尼蘇門答臘
		美談集	訓導長高橋先生的母親	逸聞／刻苦育子人格高潔	
			勝雄甘地	逸聞	印度
			剩飯結良緣	逸聞／勵志	男爵進新次刻苦求學最終有了大成就，娶了當年義助自己的女傭
			禁酒村	逸聞／除惡習（飲酒）	岩井小姐發起的禁酒運動成功推廣了禁酒的／婦女信仰的力量
			決鬥之犬	逸聞／復仇	法國
			有其母必有其子	逸聞／盡忠	武士難波次郎之母爲了不成爲兒子負擔自殺

卷次	出版日	欄目	標題／篇名	分類	備註
第十七卷第三號	昭和14年3月1日	-	佛與病僧	佛經故事	蘆谷蘆村／本篇日文，(11-5) 以漢文刊過《法句譬喻經・刀仗品》
		美談集	揮汗的收穫	品德／勤	俄國彼得大帝遊學時親自參與基層工廠勞動，鞋子已破舊，就用勞動薪資購買鞋子
			九錢的奉獻	再窮都要奉獻支持戰事	法國巴黎
			奴隸的報恩	品德／義	羅馬
			眞情橋	品德／奉公義行	少年們自發性地將損毀的石橋修好，成人們爲此感動羞愧
			少年之力	品德／奉公義行	貧困孩子遺言將僅有的積蓄捐出來替學校買桌椅促使村人和解合作
			賢妻是六十年的豐收	品德／女子賢德	織田信長的部下，其妻拿出私房錢助丈夫買駿馬，成就功業
第十七卷第四號	昭和14年4月1日	-	印度悲話　長壽王	佛經故事	青木見孝《佛說長壽王經》長生太子復仇此篇爲改寫，劇情有些許更動，對話式，劇情有增加以便更具戲劇性／人名有誤置
		美談與實話	眞心	品德／忠義	（關原之戰）曾受島津家之恩的米商報恩助兵逃離
			戰前的大隊旗	忠勇	日本／戰時捨命爲國

卷次	出版日	欄目	標題／篇名	分類	備註
			下到死亡斷崖	品德／義勇	英法戰爭
			新門辰五郎的氣概	逸聞／品德／義勇	1800年？-1875，江戶時代後期町火消（有日本最後的俠客之譽）
			米開朗基羅的名畫	逸聞	米開朗基羅為創作鞠躬盡瘁
		實話集	女大臣龐得菲爾德	逸聞／力爭上游的女性典範	英國／世界首位女大臣，為爭取婦女孩童權益奮鬥
			熱血宰相墨索里尼	逸聞／愛國	義大利。「就算要犧牲生命，他也要拯救義大利」褒揚墨索里尼之作
			勞工首相麥克唐納	逸聞／堅毅不撓	英國首相麥克唐納堅持自己的道路為勞工權益奮鬥
			少年郵差的殉職	品德／義行／責任	
			大總統胡佛	逸聞／義行／奉獻	美國總統胡佛一戰時參與比利時救濟委員會濟助糧食給災民
第十七卷第五號	昭和14年5月1日	-	童話　少爺的恩情	布施／懺悔／修行	柳翠子
第十七卷第六號	昭和14年6月1日	-	飛天的目連	佛經故事	磯村善夫《大寶積經・卷十》
第十七卷第七號	昭和14年7月1日	-			無小說
第十七卷第八號	昭和14年8月4日	-	童話　盂蘭盆會的起因	佛經故事／修行	霞靜子

卷次	出版日	欄目	標題／篇名	分類	備註
第十七卷第九號	昭和14年9月1日	-	魚籃觀音故事	宗教故事	多田道子
第十七卷第十號	昭和14年10月1日	-	玉里柳香妹的故事		多田道子
第十七卷第十一號		-	西行櫻	名人逸聞／平安時代末期西行法師	多田道子
		逸話與美談 逸話集	百姓是大黑天	逸聞／仁／感恩	名君鍋島閑叟（鍋島直正，江戶時代末期大名）
			懷中鏡	逸聞／自省	佐久間象山、久阪玄端以鏡讀心（明治維新重要人物）
			良寬與斥責	逸聞	江戶時代後期曹洞宗僧侶 18 世紀～19 世紀／良寬無言的斥責使姪子悔過
			土方久元與剩茶	逸聞／勵志	土方久元伯爵刻苦勵志
			失掉一隻手獲得成功	逸聞／勵志	總理大臣寺內正毅忠勇故事
			歐陽修與三上	逸聞／精進	馬上枕上廁上
			拒絕法官	逸聞／公正	英國政界　勞賽德·喬治（David Lloyd George）
			摩勒的蠟燭	節儉／奉獻	美國大富豪約翰·摩勒節儉的故事
			不屈的精神	毅力	美國／鋼鐵大王卡內基／賽跑即使落後仍不放棄

卷次	出版日	欄目	標題／篇名	分類	備註
		美談集	扒手的懺悔	改過向善	扒手受到孝女的感召悔過自新
			獄中的算盤	勤勉	岩崎彌太郎（1835～1885）日本明治時代的紅頂商人，三菱財閥的奠基者。即使入獄仍不忘學習。
第十七卷第十二號	昭和14年11月1日	美談與傳說	孝女之一念	品德／孝	女子強烈的孝心讓父親起死回生
			刑滿女囚犯的懺悔心	品德／恕	仁濟會會長感召女囚犯，使之改邪歸正
			天野屋利兵衛的俠義	品德／義	利兵衛重義，堅守秘密
			堵住砲口	品德／義	法國／為報恩，寧和恩人一同赴死的義氣
			林肯的眼淚	逸聞／仁	美國
			無言之花	品德／仁	法國／拿破崙
			利斯托之情	品德／仁	德國／鄉下女鋼琴家謊稱是大師的弟子以吸引聽眾賺錢奉養母親，大師不但不生氣，反而幫助這個女鋼琴家
			救人一命的馬	逸聞	馬救主
		傳說集	七兵衛狐	修行／精進	狐狸聽經求法
			三皈依的功德	修行／精進	中國／梁晉安王高僧法聰
			粘在面具的肉	修行／精進	惡婆婆阻媳婦學佛受報應
		-	西行櫻	名人逸聞／平安時代末期西行法師	多田道子

卷次	出版日	欄目	標題／篇名	分類	備註
第十八卷第一號	昭和15年1月1日	-	西行櫻	名人逸聞	多田道子
		道話與逸話	回歸自我	品德	富翁以意志力嚇阻盜賊
			你回去改進之後再來！	品德／孝	忠臣出於孝子之門。法海禪師道德高尚、雲華上人善於教導、學者山陽勇於改過
			孔子與農夫	機智／因地制宜	中國
			鏡子是最老實的	哲理	中國／鄒忌齊王
			不要整天喊痛	品格／仁	法國特魯森醫師人格高尚令人敬佩
			鷲之禮儀	品格／敬老／合作	俄國／鷲的家族有長幼有序的敬老傳統
			眾生之恩	感恩惜福	即使是粗茶淡飯也都得來不易
		逸話集	小蛇	名人風範／氣度	織田信長
			伊藤長堅之見識	軼事／禮	江戶中期儒者／面對上位者仍能勇於糾正其錯誤
			坐禪之力	軼事／意志	萬庵和尚／江戶中期禪僧
			無用之「大名竹」	軼事／勇	釋道廓和尚（晦巖和尚）／江戶後期僧
			此人真的很體貼	軼事／仁厚惜物	俳句詩人可布庵逸淵／1790～1843久米逸淵
			因果應報　林氏笥之三世因果	警世／勸善	鳥日　林得模

卷次	出版日	欄目	標題／篇名	分類	備註
第十八卷第二號		-	西行櫻	名人逸聞	多田道子（完）
		因緣集	孝與貞的兩難	品德／犧牲	女子以死諫促使公公與丈夫和解
			幻影之雲放晴	鼓勵修行	興教大師，平安時代後期真言宗僧
			上天的安排	因果報應	盲女被兄長欺凌
			因果輪迴	因果報應	媳婦不孝婆婆
第十八卷第三號		因緣集	惡業之報	因果	虐馬而受報應
			善因善果	因果	嫂嫂照顧小叔而獲報
			抱著死兒在路上行走	因果／警世	貧賤夫妻殺死孩子的悲哀故事
第十八卷第四號	昭和 15 年 4 月 5 日	-			無小說
第十八卷第五號		-			無小說
第十八卷第六號		-			無小說
第十八卷第七號		-	勝鬘夫人	佛經故事	多田道子《勝鬘經》
第十八卷第八號		-			無小說
第十八卷第九號		-			無小說
第十八卷第十號		-			無小說
第十八卷第十一號	昭和 15 年 11 月 5 日	-			無小說
第十八	昭和 15 年	-			無小說

卷次	出版日	欄目	標題／篇名	分類	備註
卷第十二號	12月1日				
第十九卷第一號	昭和16年1月1日	-			無小說
第十九卷第二號		-			無小說
第十九卷第三號	昭和16年3月15日	-			無小說
第十九卷第四號		-			無小說
第十九卷第五號		-			無小說
第十九卷第六號		-			無小說
第十九卷第七號		-			無小說
第十九卷第八號		-	童話　慰問部隊	報國、勵志	青木禪道
第十九卷第九號		-			無小說
第十九卷第十號		-			無小說
第十九卷第十一號		-			無小說
第十九卷第十二號	昭和16年12月14日	-			無小說

卷次	出版日	欄目	標題／篇名	分類	備註
第二十卷第一號		-			無小說
第二十卷第二號		-			無小說
第二十卷第三號		-			無小說
第二十卷第四號		-			無小說
第二十卷第五號		-			無小說
第二十卷第六號		-			無小說
第二十卷第七號		-			無小說
第二十卷第八號	昭和17年8月	-	國民防諜の話		作者：防諜協會
第二十卷第九號		-			無小說
第二十卷第十號		-			無小說
第二十卷第十一號		-			無小說
第二十卷第十二號	昭和17年12月10日	-			無小說
第二十一卷第一號	昭和18年1月15日	-			無小說

卷次	出版日	欄目	標題／篇名	分類	備註
第二十一卷第四號	昭和18年4月25日	-			無小說
第二十一卷第五號	昭和18年5月24日	-			無小說
第二十一卷第六號	昭和28年6月	-			無小說
第二十一卷第七號	昭和18年7月25日	-			無小說
第二十一卷第八號	昭和18年8月15日	-			無小說
第二十一卷第九號	昭和18年9月8日	-			無小說
第二十一卷第十號	昭和18年10月1日	-			無小說
第二十一卷第十一號	昭和18年11月5日	-			無小說
第二十一卷第十二號	昭和18年12月20日	-			無小說

資料來源：《南瀛佛教》第一卷第一號～第二十一卷第十二號（台北：南瀛佛教會。1923.7～1943.12）。

說明：1. 本表以台灣佛教史料庫的數位版《南瀛佛教會報》爲基礎進行整理。

2. 該資料庫除了將《南瀛佛教》數位化，同時也將日文部分譯爲中文。但部分欄目名稱該資料庫在翻譯過程中未進行統一，如「逸話集」有時直接採用原文「逸話集」（如第十六卷第二號頁51），有時則被譯作「奇聞集」（如第十五卷第十二號頁36，「教化資料逸話集」被譯作「教化資料 奇聞集」）。本表整理時若遇上述情形，則參照《南瀛佛教》原書掃描檔版本，依據原文予以統一，釐清原編輯者的原始編排，以利研究進行。

附錄二：《南瀛佛教》佛經故事列表

卷次	出版日	欄目	標題／篇名	作者／出處	編輯
1-1	大正 12 年 7 月	說苑	慾火誤人	《百喻經》〈貧人燒粗褐衣喻〉	林述三 江木生
			貪夫灌蔗	《百喻經》〈灌甘蔗喻〉	
1-2	大正 12 年 9 月	說苑	癡人說餅	《百喻經》〈欲食半餅喻〉	
			空際造樓	《百喻經》〈三重樓喻〉	
2-1		說苑	呆漢食鹽	《百喻經》〈愚人食鹽喻〉	
7-2	昭和 3 年 3 月	說苑	毘多王歸佛因緣談	曾景來 《阿育王經》第三卷	
7-3	昭和 4 年 5 月	說苑	阿闍世王戲曲	耕雲（林德林）譯述 未完 《大般涅槃經》第十九卷	
7-6			佛教捷徑——譬喻篇	《百喻經》〈婦詐稱死喻〉	林德林
				《佛說譬喻經》／與《維摩經》方便品〈是身如丘井〉同	
				《百喻經》〈五百歡喜丸喻〉	
				《雜譬喻經》（六外道師）	
				《雜譬喻經》（鹿王）	
8-4	昭和 5 年 4 月	童話	世界一的大聖人	嚴谷小波原著　樵山譯述 佛陀誕生故事	

卷次	出版日	欄目	標題／篇名	作者／出處	編輯
8-6	昭和5年7月		佛教捷徑　譬喻篇	《雜譬喻經》（身命財雖不足惜，猶不可輕）	林德林
				《雜譬喻經》（王捨身布施）	
				《雜譬喻經》（世人愚惑、以空爲實）	
			長壽王物語	曾景來《佛說長壽王經》長生太子復仇故事	
8-7	昭和5年8月		國王與女奴隸	《大般涅槃經》	
8-10	昭和5年11月		佛陀與羅睺羅	普信生《法句譬喻經》	
9-9	昭和6年10月		舍衛城中一椿事	曾景來《佛說長壽王經》長生太子復仇故事	李添春
10-4	昭和7年5月	研究	阿闍世王歸佛因緣	曾景來《佛說觀無量壽佛經》	高執德
10-5	昭和7年6月	研究	佛陀底出家	曾景來	
10-6		禪話	禪門捷徑（一）噉肉無有罪過	林秋梧《文殊師利問經》菩薩戒品第二	
11-1	昭和8年1月	佛教文藝	大施太子	霞靜子（燕庸夫譯）《賢愚經》卷八	曾景來
11-4	昭和8年4月	佛教文藝	火宅之中救孩兒	霞靜子《法華經・譬喻品》	
11-5	昭和8年5月	佛教文藝	佛爺和有病的和尚	蘆々村《法句譬喻經・刀仗品》	
11-7	昭和8年7月	佛教文藝	牛乳和醫生（應病與藥）	霞靜子《大般涅槃經・哀歎品》	
11-8			人爲財死鳥爲食亡	曾普信《南傳本生經》〈智雲咒文本生譚〉	
11-10	昭和8年10月		火中之龍	《雜譬喻經》	

卷次	出版日	欄目	標題／篇名	作者／出處	編輯
12-1	昭和9年1月	佛陀之教訓與比喻——雜譬喻經故事	木彫美人（木師畫師）	《雜譬喻經》	曾景來
			持戒與佈施之報應（大象和沙門）	《雜譬喻經》	
			惡鬼之苦毒（目連與弟子下山）	《雜譬喻經》	
			自己修行（比丘被排斥）	《雜譬喻經》	
			修道與多聞（兄好禪弟好多聞）	《雜譬喻經》	
12-8			情慾之悲哀	《法句譬喻經》	
			愛與怨	《佛說長壽王經》長生太子	
12-11	昭和9年11月		美人的醜	佛陀生平故事	
13-2		佛陀之教訓與譬喻雜譬喻經故事	藝人與牛（伎兒作種種伎喻）	《雜譬喻經》	
			頭陀比丘頓悟（喜根喻）	《雜譬喻經》	
			雨（龍昇天之喻）	《雜譬喻經》	
			善報來（醫師治大王病之喻）	《雜譬喻經》	
			要參照各種經典（王子入山的比喻）	《雜譬喻經》	
13-10	昭和10年10月	童話	原文：親心 翻譯：為人父母	霞靜子 《法華經》第四品「窮子喻」	
15-2	昭和12年2月	中華因果錄	孝親感應記	《法句經·慈仁品》（殺生以求壽，不亦遠乎）	

卷次	出版日	欄目	標題／篇名	作者／出處	編輯
15-3	昭和 12 年 3 月		佛教童話 盧至長者	《盧至長者因緣經》	曾景來
			一杯米汁	《大智度論》卷 8	
15-4	昭和 12 年 4 月		兩頭之蛇	《雜譬喻經》（敬師）	
			冤罪	江部鴨村《雜寶經》	
15-5	昭和 12 年 5 月		年青人與牛	雪山浩一 《有部毘奈耶卷》第二十五	
15-6	昭和 12 年 6 月		佛典故事　不忘恩	《瓔珞經》	
15-8	昭和 12 年 8 月		佛化女訓百話	《佛說九色鹿經》	
15-9	昭和 12 年 9 月	道話集	勝怨	《佛說長壽王經》長生太子	
			平常的修業	《大莊嚴論經》	
			智慧之眼	《增壹阿含經》阿那律尊者	
			阿難與耆婆	《分別功德論》卷三	
15-10	昭和 12 年 10 月	道話集	大智慧者（童話）	《賢愚經》卷八，大施太子	
			人中的白蓮花	蓮華色尼的故事	
		譬喻集	易怒的男人	《百喻經》〈說人喜瞋喻〉	
			吃鹽的男人	《百喻經》〈愚人食鹽喻〉	
			愚蠢的百姓	《百喻經》〈比種田喻〉	
			假面具	《百喻經》〈山羌偷官庫喻〉	
15-11	昭和 12 年 11 月	教化資料 因緣集	眞心誠意	孝子薩馬披鹿皮取奶孝	
15-12	昭和 12 年 12 月	布教資料 因緣集	新生之境	《賢愚經》指鬘懺悔故事	
			菩薩與鵝鳥	《大莊嚴論經》卷十一	
			聞偈捨身	《大般涅槃經》卷第十三	
16-2	昭和 13 年 2 月	道話集	忍耐智慧袋	《阿育王譬喻經》	
			清淨的善心	《雜寶藏經》卷四	
		譬喻集	獻人祭拜	《百喻經》〈殺商主祀天喻〉	
			流離王物語	《增壹阿含經》第三四品第二	

卷次	出版日	欄目	標題／篇名	作者／出處	編輯
16-3	昭和13年 3月	譬喻集	穀賊	《法苑珠林》卷36	曾景來
			狼的斷食	《法苑珠林》卷54 狼守齋	
			長者與窮子	《法華經》第四品窮子喻	
			慾望很深的獺	《法苑珠林》卷53〈分鯉〉	
			聰明的烏鴉	《雜寶藏經》卷10〈烏梟報怨緣〉	
			愚人讚父反而損父	《百喻經》〈嘆父德行喻〉	
			超越人力的努力	《雜阿含經》卷九，以琴弦比喻修行不可太緊逼太鬆懈	
			象、猿與鴿子	《經律異相》卷四十七‧三禽獸本生	
16-4	昭和13年 4月	傳說集	毒蛇與山鼠	《經律異相》卷47	
16-12	昭和13年 12月	譬喻集	烤肉	《經律異相》卷47	
			照顧你的腳下吧！	《舊雜譬喻經》〈狐言婦癡喻〉	
17-2	昭和14年 2月		大施太子	霞靜子《賢愚經卷八》	
17-4	昭和14年 4月		印度悲話 長壽王	青木見孝《佛說長壽王經》長生太子復仇	
17-6	昭和14年 6月		飛天的目連	磯村善夫《大寶積經》卷十	
18-7			勝鬘夫人	多田道子《勝鬘經》	田村智友

資料來源：《南瀛佛教》第一卷第一號～第二十一卷第十二號（台北：南瀛佛教會。1923.7～1943.12）。

說明：除少數幾篇在《南瀛佛教》刊載時已有敘明故事出處外，其餘未敘明出處者，筆者於故事中摘取關鍵字於網路搜尋、比對，同時也閱覽佛經故事相關書籍進行查找。

附錄三：《南瀛佛教》神仙怪異作品列表

卷次	欄目	標題／篇名	作者	故事性質／概要	編輯
2-1	說苑	地理說	臺北蔡敦輝	兩家富貴。豈非由孝善所得乎。故見世人萬勿以地理爲重。必以心理精神爲準繩。心理不明地理何用。	林述三
2-2-3-2		色即是空	怪星	主角伍鈺修行遇到的奇緣，人應修行以求離苦得樂。	
3-3-4-3		一念之差	怪星	善惡有報。善人陳桶遊地府的奇遇	
4-1	說苑	虎姑婆（原來是爾的粗耳粗心了）	苓草	趣味。虎精化人與僧鬥的故事	
4-3	說苑	佛家笑得好——傳衣鉢	唐山客	趣味。跟隨老師父修行的袈裟與鉢擔心被傳予不適任的人引發的趣事	
4-5	說苑	諧齣偷桃	怪星	戲曲唱段。西遊記故事	
5-1	說苑	廣寒宮戲齣	林述三	戲曲唱段。神仙故事（嫦娥）	
6-1-6-6、7-1		新龍女影片	怪星	善有善報。書生金莘芝因放生龍女之恩獲傳授武藝與神駒、寶劍。	

卷次	欄目	標題／篇名	作者	故事性質／概要	編輯
7-3	說苑	風水破迷小說有序	怪星	陰地不如心地好。人有善行天必為之主宰。大丈夫能自彊不息。自為立身之道。從其正莫近於邪。斯為美。	林述三
10-2	禪話	倭仔慎淨的遺作猿精作怪	慎淨	諷刺。猿猴精與烏鴉與寺廟為敵（影射某布商與某記者仇視開元寺，屢屢攻擊寺廟之事）	李添春
13-3		蜈蚣報恩	誰良	善有善報。張生救了一隻蜈蚣，並對其照顧有加，後來張生赴京趕考途中遇蛇精，蜈蚣遂與之鬥而雙亡，遺下二寶珠。張生進貢寶珠而受封進寶狀元。	曾景來
15-1	中華因果錄	貪財負義報		惡有惡報。信州劉某侵占兄長家產後，其兄冤魂來索償，劉某以怪異姿態而亡	
		貪財冤死果報		惡有惡報。出於《見聞紀訓》（明）陳良謨。縣令狄某侵占某富孀遺產，富孀抱恨自縊，後冤魂索報，狄某遂得怪病而亡，並殃及子孫。	
15-1	中華因果錄	冤魂示影		勿為惡。某營長為娶新婦而毒殺元配妻、子及岳母，後在續娶宴客時所拍照片中諸冤魂現影。	
		為惡果報種種		惡有惡報。舉三個為惡者死後投生為牲畜的事例	
		詐財變騾	清平	惡有惡報。戚某之舅向戚某宣稱曾借其父錢，並誓曰若有詐願罰為騾，其舅歿後果變為戚家騾。	
		虐姑變牛		惡有惡報。一民家婦虐待婆婆，某日一僧人至其家乞施，留下一衣謂可癒百疾，婦披上後變為一頭牛	
15-2	中華因果錄	祈佛兩次獲救	蓮舌	佛法無邊。向佛祈求後，佛現身救治病兒，於賊亂時父子離散，再次向佛祈求，子遂歸。	

卷次	欄目	標題／篇名	作者	故事性質／概要	編輯
		誦大士聖號避怨鬼		佛法無邊。道士李瑞兒時與同伴戲水，同伴不幸溺斃，其冤魂便一直糾纏李瑞，後遇高人指點誦觀音經，乃擺脫此一困境。	曾景來
		龜報恩		善有善報。黃叔達救一龜，後黃病，龜化為一老人傳授治病之方。	
15-8	傳說集	瀨淵		不要逾越本分。領主違反禁忌在瀨淵捕魚，被鯰魚精追殺，後賴寺廟的僧人幫助領主逃過一劫。	
15-11	教化資料集因緣	蟹的報恩		善有善報。女孩買下螃蟹放生，多年後蟹群殺了蛇精救了女孩	
16-1	奇談與風流	亡者會		異事。一群人比賽打撞球，規定成績最差的人要扮成亡者。最後某氏輸了被大夥起鬨開玩笑。回家後發現祖母去世了，時間點正是他被決定成死者的時間。	
		長崎的電話		異事。某商店主人接到長崎弟弟來電，表示生病了，但其實長期和京都的電話在當時並未開通，店主趕到長崎，果然弟弟早已過世，時間正是店主接到電話之時。	
		在慈光寺的天狗		鄉下佛寺的僕役被天狗帶到京城遊覽，夕陽西下後想起自己的職責，返回原處	
16-3	因緣集	可怕的罪報		惡有惡報。強盜殺人幾年後，妻子生下的嬰兒身上有著像當初被殺的商人身上的傷，強盜也因孩子引發的火災而被燒死	
16-4	傳說集	財富有五萬元之多的富翁		誠心修行受神佛護祐，化險為夷並得到榮華	
		王瀨長者		不要逾越本分。富翁不聽勸告而在不當時間捕撈鮭魚，即使被魚精告誡亦不理睬，之後屢遭不幸家道中落	

卷次	欄目	標題／篇名	作者	故事性質／概要	編輯
		敦厚老實的當鋪老闆		善行。當鋪老闆在倉庫聽見哭泣聲，原來是一貧苦人家之子的亡魂，哭著說要穿外套。知道原委後，當鋪老闆不僅將外套歸還那孩子的母親，更將所有典當品還給典當人，受到眾人稱頌。	曾景來
		洗腳房子		惡有惡報。男子救助狐狸，狐狸報恩，幫助男子的兒子復仇，並讓仇人被洗腳妖怪的大腳踩死	
		櫻櫻池		修行。櫻櫻池中的蛇精吃人，被人們攻擊，後來高僧勸告蛇精，要牠在池底沉眠，等待彌勒出世渡化牠。	
		割草仁王		神佛的慈悲。村人生病時仁王神像幫村人下田的傳說	
		伐木之精		佛法無邊。神木被砍伐後作祟殺人，為安撫神木的憤怒，於是將之刻成功德圓滿的佛像供奉	
		漚兒之塚		異事。女子愛慕行腳僧而偷喝僧人喝剩的茶水而懷孕，最後此兒在僧人詠了一偈後變回一滴茶漚而消失。脫胎於佛經故事（如一角仙人）	
		淺香沼的人身獻供		佛法無邊。人們每年都將一個少女丟入淺香沼祭鬼神，有一年孤女喜代自願代替富翁之女成為祭品，在喜代被獻祭時，一邊吟誦觀音經，並將經文放在出現的蛇怪頭上，蛇怪遂變成佛，此後人們停止以人獻祭的習俗	
17-1	逸話集	倉庫的哭泣聲		和16卷第4號〈敦厚老實的當鋪老闆〉同一個故事	
		照片中的幽靈		異事。架設鐵橋工程中有一組施工人員誤墜入水泥模板中死亡，某相館老闆在鐵橋落成後拍照，沖洗出的照片竟出現六個工人的影像	

卷次	欄目	標題／篇名	作者	故事性質／概要	編輯
17-12	傳說集	七兵衛狐		佛法無邊。狐仙七兵衛附身在人類身上求取佛法，而後順利地脫離畜生道，成為守護人們的稻荷大明神	曾景來
		黏在面具的肉		佛法無邊。婆婆不喜歡媳婦每天去寺廟聽經，便戴上鬼怪面具去嚇媳婦，之後面具竟無法取下，最後婆婆懺悔，面具才掉下來	
18-1		因果應報林氏筍之三世因果	鳥日林得模	謹守本分，行善積福。林氏筍三世轉生，第一世因有善行而於第二世獲生於富貴之家，然而此世卻不懂得把握人身修行，荒唐無道，於是第三世轉生成精神失常的瘖啞女子	
18-2	因緣集	上天的安排		因果報應。盲女被兄長欺凌，後來該兄長自己也生下眼盲女兒，且女兒也如姑姑（盲女）一般的死法	
		因果輪迴		因果報應。媳婦不孝婆婆，後來自己當了婆婆後也被媳婦苛待	
18-3	因緣集	惡業之報		惡有惡報。三太虐馬而受報應，死狀離奇	江木生

資料來源：《南瀛佛教》第一卷第一號～第二十一卷第十二號（台北：南瀛佛教會。1923.7～1943.12）。

說明：筆者逐篇閱讀故事文本，並檢索故事中出現「神仙」、「鬼」、「精怪」等元素，以及屬「怪異難解」之事的故事，進行列表，並附故事摘要，以利讀者掌握故事內容。

附錄四：《南瀛佛教》名人逸聞故事列表

欄目／卷次	標題／篇名	分類	國別	身分	備註
逸話集 15-9	河村瑞軒的機智	名人風範／智慧	日	其他／商	河村瑞軒（1617～1699）江戶時代初期の政商
逸話集 15-10	山岡鐵舟與劍道	毅力	日	其他／劍豪	幕末的劍豪禪師
因緣集 15-11	常陸山	忠君愛國	日	其他／運動家	相撲力士。堅持爲了舉辦慰靈角力活動多停留滿州一天，因而逃過死劫
實話集 15-11	大西博士的古怪風格	名人風範	日	其他／醫	眼科權威大西博士的堅守原則
實話集 15-11	死亡之美	名人風範／氣度	日	其他／商	豐國銀行總裁永見勇吉，面對死亡仍十分從容
逸話集 15-12	兩個誓願	誠信／勤勉	日	其他／商	大富豪安田善次郎（1838～1921，日本四大財閥之一安田財閥之祖）
道話集 16-2	三種迷戀	勤勉	日	其他／商	棉花商薩摩治兵衛（1831～1900）重視土地、妻子及自己的工作。近江商人，由極貧出身而成功的豪商。
逸話集 16-5	艱苦困難正是最好的磨練	勤勉	日	其他／商	農工銀行的常務董事杉本正幸。名人刻苦努力成功的事蹟

欄目／卷次	標題／篇名	分類	國別	身分	備註
逸話集16-11	庭院的掃除	名人風範	日	其他／商	千利休（1522～1591）戰國時代——安土桃山時代商人、茶人
逸話集16-11	小野友次郎的苦學	勤勉	日	其他／商	三井銀行董事。刻苦努力最終獲得成功
逸話集17-1	決生	名人風範／勵志	日	其他／商	河村瑞軒（1617～1699）江戶時代初期の政商
美談集17-4	新門辰五郎的氣概	忠於職守	日	其他／消防	江戶時代後期の町火消（有日本最後的俠客之譽）
美談集17-11	獄中的算盤	逸聞／勤勉	日	其他／商	岩崎彌太郎即使入獄仍不忘學習精進。別名土佐屋善兵衛，是日本明治時代的紅頂商人，三菱財閥的奠基者
逸話集17-11	摩勒的蠟燭	節儉	美	其他／商	美國大富豪約翰·摩勒節儉的故事
逸話集17-11	不屈的精神	毅力	美	其他／商	鋼鐵大王卡內基。賽跑即使落後仍不放棄
逸話集15-9	桃水與知法尼師	修行／精進	日	宗教	桃水和尚與知法尼師的逸聞。
道話集15-9	蓮月尼師的膽力	名人風範／氣度	日	宗教	大田垣蓮月（1791～1875）江戶時代後期の尼僧・歌人・陶芸家（屬尊皇派）
逸話集15-10	雲水生活	名人風範／虔敬	日	宗教	桃水和尚（1604年生）感召淺草區的曹洞宗寺院的事蹟
道話集15-10	涅槃之義	修行／精進	日	宗教	一休和尚（室町時代臨濟宗大德寺派の僧）獨來獨去迷，教以不來不去之道
道話集15-10	千丈與祖曉的禪問答	修行／精進	日	宗教	黃檗的千丈禪師。兩僧機鋒相對的故事
逸話集15-12	弱者要多練習	名人風範／氣度	日	宗教	環溪和尚（久我環溪，1817年生）
逸話集15-12	尊融上人的自制	修行／精進	日	宗教	尊融上人察覺自己對柿子樹的喜愛已成為妨礙修行的執念，便斷然把樹砍掉
逸話集15-12	名人的懷念	名人風範／堅守原則	日	藝文／打鼓名人	大倉派的打鼓名人吉田助六的認真與正直

欄目／卷次	標題／篇名	分類	國別	身分	備註
奇談與風流 16-1	正月四日	名人風範／氣度	日	宗教	僧人秋之坊（江戶時代俳人松尾芭蕉的門人）預言自己的死期後瀟灑的死亡了。
奇談與風流 16-1	和尚頭	名人風範／氣度	日	宗教	誠拙和尚跌傷頭，好友狂歌名詩人田蜀山人寫詩贈之，和尚也幽默回應。誠拙周樗，江戶時代中期至後期臨濟宗の僧・歌人。
奇談與風流 16-1	荻上之風	修行／精進	日	宗教	京都天龍寺開山祖師夢窗國師對於女色誘惑不爲所動
逸話集 16-2	日置默仙禪師的悠哉	名人風範／氣度	日	宗教	禪師跌倒之際仍能悠哉吟出詩句。曹洞宗第九代管長，大正9年歿
逸話集 16-2	以心傳心	名人風範／氣度	日	宗教	江戶時期天桂禪師（臨濟宗著名禪師）與白隱禪師（曹洞宗學僧）修爲高深，對彼此也十分了解的趣味故事
逸話集 16-2	桃水的灑脫	名人風範／氣度	日	宗教	桃水和尚灑脫面對危機
逸話集 16-2	一戒也不持	名人風範／氣度	日	宗教	惟慧禪師（18世紀）本來無一物」的概念
逸話集 16-2	有什麼事？	名人風範／氣度	日	宗教	大燈國師（鎌倉時代末期臨濟宗僧）以淡然態度驚退強盜
逸話集 16-2	惟慧禪師與算命仙	修行／精進	日	宗教	算命仙說惟慧禪師會一生貧窮寂寞，禪師反覺欣喜，因表示能在修行上精進
逸話集 16-2	人生之寶	哲理／說理	日	宗教	圓清禪師爲木材商之女祝禱，讓她理解自己很幸福，進而不懼死亡，最終因爲安心而病癒。
逸話集 16-2	禪師的掃廁所	名人風範	日	宗教	廣州禪師親自打掃醫院的廁所，禪師的風範感化眾人
道話集 16-2	想變成佛	勤勉	日	宗教	一休和尚。如果想成佛或者成了佛也不能呆著不動，必須持續工作與貢獻才行
逸話集 16-4	澤庵禪師與柳生十兵衛	謙虛	日	宗教	澤庵禪師，日本江戶初期臨濟宗大德寺派的高僧

欄目／卷次	標題／篇名	分類	國別	身分	備註
逸話集 16-5	無南的面目	名人風範	日	宗教	無南和尚的豁達開闊，即使被誤解仍坦然接受
逸話集 16-5	善盡於此生	修行／布施	日	宗教	大原智乘禪師／此生難得，把握機會行善
因緣集 16-6	不動之利劍	修行／精進	日	宗教	高僧祐天僧正的堅忍修行
道話集 16-7	明雲僧正的劍難	警世	日	宗教	受占卜的影響而念茲在茲，最後果真遭受劍難
道話集 16-7	明惠上人	修行／精進	日	宗教	鎌倉幕府時代的華嚴宗高僧明惠上人的自制與精進
美談集 16-8	有其母必有其子	修行／精進	日	宗教	迷失於俗世盛名的僧侶惠心因母親教誨醒悟專心修行成大知識
逸話集 16-11	三里之道與一文	修行／精進	日	宗教	鐵眼禪師（1630～1682）日本黃檗宗僧
逸話集 16-11	風外慧薰的怪力	修行／精進	日	宗教	江戶前期曹洞宗畫僧。粗衣惡食仍歡喜接受
譬喻集 16-12	御禮之先取	名人風範／修行	日	宗教	明治時期椿原了義和尚。佛法不該以金錢來衡量
譬喻集 16-12	人偶之聽泉	修行／精進	日	宗教	鳳潭和尚（江戶時代中期學問僧，為日本華嚴宗祖師）不認真努力的人，就像沒有生命的人偶一樣
逸話集 17-1	怒斥犬山侯	名人風範／禮	日	宗教	雪潭和尚（江戶後期～明治時代）臨濟宗僧
逸話集 17-11	良寬與斥責	名人風範	日	宗教	江戶時代後期曹洞宗僧侶。良寬無言的斥責使姪子悔過
傳說集 17-12	三皈依的功德	修行／精進	中	宗教	梁晉安王與高僧法聰。佛法無邊，就連老虎這樣的猛獸都能被降伏
逸話集 18-1	無用之「大名竹」	名人風範／勇	日	宗教	釋道廓和尚（晦嚴和尚）江戶後期の僧
逸話集 18-1	坐禪之力	名人風範／意志	日	宗教	萬庵和尚（江戶中期禪僧）用意志力抵抗、戰勝身體的疼痛

欄目／卷次	標題／篇名	分類	國別	身分	備註
道話集 18-1	你回去改進之後再來！	孝	日	宗教	忠臣出於孝子之門。法海禪師道德高尚；雲華上人善於教導、引導人向善改進；山陽的純真以及勇於改過
因緣集 18-2	幻影之雲放晴	修行／精進	日	宗教	興教大師（平安時代後期真言宗の僧）兒時聽聞佛陀故事，立志修行成佛
逸話集 15-9	蘇格拉底的遺言	名人風範／誠信	希臘	藝文／學者	重視誠信
逸話集 15-9	背著棺槨的大雅	孝	日	藝文／畫家	江戶時代畫家池大雅（1723～1776）
逸話集 15-9	名演員的最高藝術	名人風範／忠於職守	日	藝文／演員	元祿時代名演員中山南枝（1688～1703）
逸話集 15-10	孔子與隱者	仁	中	藝文／學者	孔子軼聞
逸話集 15-10	人格之力	名人風範／仁	日	藝文／學者	中江藤樹為犯人說情（江戶時代初期陽明學者，有近江聖人之稱）
逸話集 15-10	泰利斯的熱心	說理／小心細微處	希臘	藝文／學者	希臘哲學家／天明腳暗
實話集 15-11	畫家百穗的友情	名人風範／義	日	藝文／畫家	畫家矢澤弦月與平福百穗
逸話集 15-12	丟掉荻蘆	勤勉	日	藝文／畫家	江戶時代末期浮世繪畫家歌川國芳（1798～1861）
逸話集 15-12	風外禪師富士之讚	名人風範／機智	日	藝文／畫家	江戶前期曹洞宗畫僧
奇談與風流 16-1	麥克雷的苦心	名人風範／勤勉	英	藝文／學者	麥克雷行事嚴謹，親身遊歷以及參考很多書籍才寫出《英國史》
奇談與風流 16-1	盲人與歌之俳句	逸聞	日	藝文／樂師	琵琶名家豐川勾當等人寫的三首好作品
奇談與風流 16-1	珍惜寸陰	自我精進	日	藝文／學者	尾藤二洲（江戶時代後期の儒學者）珍惜時間勤加學習

欄目／卷次	標題／篇名	分類	國別	身分	備註
奇談與風流 16-1	四歲之子寫的俳句	逸聞	日	藝文／俳句詩人	幾則由年幼孩童寫出富有意境的好詩的逸聞。小林一茶 1763～1827
奇談與風流 16-1	努力的功用	勤勉	日	藝文／書法家	下枝薰村（下枝董村，1807～1885）逃難仍不放棄每天練習書法
奇談與風流 16-1	從伙夫到畫聖	勤勉	日	藝文／畫家	顯幽齋逸見一信（幕末狩野派畫家）一方面做著低下的工作，一方面學習、練習，終於成功
奇談與風流 16-1	茄子問答	趣聞	日	藝文／畫家	客人來拜訪山東京傳（江戶時代後期浮世繪師、戲作者）就茄子寫了詩
奇談與風流 16-1	秋風直入懷中	名人風範	日	藝文／詩人	俳句詩人角田竹冷（同時是東京市市長秘書）作詩調侃自己被偷走錢包
奇談與風流 16-1	今日之月	名人風範／行善	日	藝文／詩人	善良的詩人小林一茶為農夫寫借據，助他成功借到錢
奇談與風流 16-1	霜神社	名人風範／機智	日	藝文／詩人	和泉式部（平安時代中期和歌歌人）的機智回答
奇談與風流 16-1	才藝才是敵人	名人風範／謙虛	日	藝文／詩人	中院通躬（江戶時代中期の公卿、歌人）：有才能要更謹慎
奇談與風流 16-1	碩布之風懷	名人風範／豁達	日	藝文／詩人	川村碩布（俳句詩人）面對家道中落仍能以開闊胸懷面對
奇談與風流 16-1	硯也燒毀筆也燒光	名人風範／豁達	日	藝文／詩人	俳句詩人北技家遇祝融仍能豁達面對
奇談與風流 16-1	落河流水	逸聞	日	藝文／詩人	連歌詩人里村昌琢高超的作詩能力
奇談與風流 16-1	野中之清水	逸聞	日	藝文／詩人	才女矢部正子（1745 生）的逸聞。前夫對她的依戀如懷念原野中的清水

欄目／卷次	標題／篇名	分類	國別	身分	備註
譬喻集 16-2	八十歲開始學藝	名人風範／勤學	日	藝文／學者	德川時代名儒者雨森芳洲八十歲開始學習和歌，精神令人敬佩
逸話集 16-4	血塗之面	名人風範／機智	日	藝文／演員	能劇名人的機智與專業
逸話集 16-4	大雅與其妻	名人風範／勤勉	日	藝文／畫家	江戶時代畫家池大雅（1723～1776）
譬喻集 16-6	許由的德行	名人風範	中	藝文／學者	許由德行高潔，對世俗不屑一顧
逸話集 17-1	被拋棄的妻子	名人風範	日	藝文／學者	大學者安積艮齋的豁達
實話集 17-1	銀座的長鬍子酒仙	名人風範	日	藝文／學者	隱者百瀨二郎的逸聞
美談集 17-4	米開朗基羅的名畫	名人風範	義大利	藝文／畫家	米開朗基羅為創作鞠躬盡瘁
逸話集 17-11	歐陽修與三上	自我精進	中	藝文／學者	馬上枕上廁上
美談集 17-12	利斯托之情	仁	德	藝文／音樂家	鋼琴大師利斯托的寬容與慈悲
逸話集 18-1	此人真的很體貼	名人風範／惜物	日	藝文／學者	俳句詩人可布庵逸淵（久米逸淵 1790～1843）
逸話集 18-1	伊藤長堅之見識	名人風範	日	藝文／學者	江戶中期の儒者。面對上位者仍能勇於糾正其錯誤
道話集 18-1	孔子與農夫	名人風範／智慧	中	藝文／學者	因地制宜，對不同程度的人說話要有不同的策略
逸話集 15-9	和顏愛語	名人風範／慈愛	法國	政軍	拿破崙的逸聞
逸話集 15-9	天授的威德	名人風範／氣度	日	政軍	豐臣秀吉收服大將
逸話集 15-9	奇才蘭丸	名人風範／智慧	日	政軍	（16世紀）安土桃山時代武將，織田信長的側近
逸話集 15-9	煮人的鼎	忠君愛國／仁	日	政軍	本多重次，戰國時代——安土桃山時代武將，德川氏の家臣
道話集 15-9	兒玉大將的沈著	名人風範	日	政軍	面對變故兒玉將軍仍能沉著應變。顯揚將軍的過人之處。

欄目／卷次	標題／篇名	分類	國別	身分	備註
道話集 15-9	君臣一致	名人風範	日	政軍	酒井忠勝（任德川將軍大老）與下屬三四郎的逸事。主君仁愛，下屬亦能了解主君眞正的心意
逸話集 15-10	空色之煙	名人風範	德	政軍	卑斯麥的風采。面臨重大事務仍能輕鬆悠閒的風範
道話集 15-10	祁黃羊的公正	名人風範／公正	中	政軍	內舉不避親，外舉不避仇《呂氏春秋・去私》
道話集 15-10	狐卷子的名言	自我精進	中	政軍	五不足恃《韓詩外傳》卷八
逸話集 15-12	石田三成的最後準備	名人風範／氣度	日	政軍	石田三成（1467～1603）日本戰國時代武將
逸話集 15-12	木戶孝允的晨間禮拜	忠君愛國	日	政軍	維新三傑之一。忠君愛國的風範
奇談與風流 16-1	萬里長城不禦胡	名人風範	日	政軍	軍神廣瀬中校（日俄戰爭時歿）展現聰明才智的逸聞
奇談與風流 16-1	不知死活的死豬	名人風範／仁	日	政軍	將軍德川吉宗因為臣下的詩作，大受感動，放棄狩獵這項嗜好
奇談與風流 16-1	丟臉	名人風範／改過	日	政軍	太守木下和多調侃認眞工作的民眾，被指謫後道歉並作詩責己
奇談與風流 16-1	海中之武者	名人風範／智慧	日	政軍	豐臣秀吉臣下的機智問答
奇談與風流 16-1	就要死了嗎？	忠君愛國	日	政軍	豪傑多平郎忠勝（本多忠勝，德川四大天王之一）臨終仍不忘皇恩
奇談與風流 16-1	原稿稿費達一百二十萬元	逸聞	英	政軍	英國自由黨黨魁羅依特・喬治六年來的稿費比英國首相的薪水還多
逸話集 16-2	只有這杯酒不能與你分享	名人風範／氣度	中	政軍	宋朝景文因才招忌，從容不迫飲下毒酒
逸話集 16-2	南洲的偉大	名人風範	日	政軍	透過西鄉隆盛（維新三傑之一）的小故事展現其人格

欄目／卷次	標題／篇名	分類	國別	身分	備註
逸話集 16-2	膽子	名人風範	日	政軍	大久保彥左衛門（江戶幕府旗本，德川家臣）以豪邁膽識及智慧教訓紈褲子弟
逸話集 16-2	太閣與部下	名人風範	日	政軍	豐臣秀吉身段柔軟珍惜部下的言行
逸話集 16-2	含羞草的教訓	自我精進	日	政軍	武士三好松之助從含羞草體悟要有忍耐的美德，最終成為了不起的武士
逸話集 16-4	遊戲與人物	名人風範	日	政軍	以下棋看太閣秀吉和關白秀次性格
逸話集 16-4	象山與松陰	名人風範／氣度	日	政軍	佐久間象山，明治維新重要人物
逸話集 16-4	四攝法	名人風範／智慧	日	政軍	輔佐德川家老臣善於勸戒主上
逸話集 16-4	至孝的公助	孝	日	政軍	太政大臣藤原兼家的臣下公助
傳說集 16-4	平將門與青梅寺	異聞	日	政軍	平將門以梅樹榮枯卜誓願之吉凶
傳說集 16-4	不要讓機會溜走	勵志	英	政軍	只有有能力、有智慧的人才會把握機會，不讓機會溜走
逸話集 16-5	能殺人的唾沫	名人風範	日	政軍	大務卿大久保利通（維新三傑）的豪壯事蹟
道話集 16-5	介子推的忠節	忠君愛國	中	政軍	介子推不食周粟的故事
美談集 16-5	衣囊的遺言狀	忠君愛國	日	政軍	內閣大臣原敬不惜以死殉主的忠君愛國情懷
道話集 16-7	賢臣松平信綱	忠君愛國	日	政軍	為主君鞠躬盡瘁、奉公忘私的忠臣故事
道話集 16-7	自己努力改進向上吧	自我精進	印度	政軍	阿克巴大帝長線變短故事
美談集 16-8	大臣與拉車夫	名人風範	日	政軍	原敬成為大臣後仍將童年玩伴的家僕視為家人加以照顧
美談集 16-8	獄中的兄弟	孝	日	政軍	野村子爵之兄入獄仍不忘刻苦賺錢孝養母親，浪蕩的野村受感動後悔悟

欄目／卷次	標題／篇名	分類	國別	身分	備註
美談集 16-8	嚴正不阿的父親	名人風範／正直	美	政軍	美國總統卡爾文‧柯立芝不利用權勢為兒子安排工作
美談集 16-8	師徒的情誼	名人風範／禮	美	政軍	胡佛即使成為總統，仍對過去的老師十分敬愛
逸話集 16-11	首相與料理人虎松	名人風範	日	政軍	以人民對首相原敬的敬仰凸顯出首相對身分低微之人依然親切關懷的人格
逸話集 16-11	那須也別莊之溫泉	名人風範／節儉	日	政軍	乃木大將的節約與自制
逸話集 16-11	勞動的可貴與令人尊敬	名人風範	法國	政軍	尊敬勞動者（拿破崙）
美談集 17-2	有其母必有其子	忠君愛國	日	政軍	武士難波次郎之母為了不成為兒子負擔而自殺
美談集 17-2	剩飯結良緣	勤勉	日	政軍	男爵進新次刻苦求學最終有了大成就，娶了當年義助自己的女傭
美談集 17-3	賢妻是六十年的豐收	女子賢德	日	政軍	織田信長的部下，其妻拿出私房錢助丈夫買駿馬，成就功業
美談集 17-2	勝雄甘地	名人風範	印度	政軍	甘地令人景仰的人格
美談集 17-3	揮汗的收穫	勤勉	俄國	政軍	俄國彼得大帝遊學時參與基層工廠勞動的事蹟
美談集 17-4	真心	忠義	日	政軍	（關原之戰）曾受島津家之恩的米商報恩的事蹟
實話集 17-4	大總統胡佛	名人風範／奉獻	美	政軍	胡佛一戰時參與比利時救濟委員會濟助糧食給災民
實話集 17-4	勞工首相麥克唐納	名人風範	英	政軍	英國首相麥克唐納堅持自己的道路為勞工權益奮鬥
實話集 17-4	女大臣龐得菲爾德	女性典範	英	政軍	世界首位女大臣，為爭取婦女孩童權益奮鬥
實話集 17-4	熱血宰相墨索里尼	愛國	義大利	政軍	「就算要犧牲生命，他也要拯救義大利」褒揚墨索里尼之作
逸話集 17-11	懷中鏡	名人風範／自省	日	政軍	明治維新重要人物佐久間象山、久阪玄端以鏡讀心

欄目／卷次	標題／篇名	分類	國別	身分	備註
逸話集 17-11	失掉一隻手獲得成功	名人風範	日	政軍	總理大臣寺內正毅忠勇故事
逸話集 17-11	土方久元與剩茶	勤勉	日	政軍	土方久元伯爵刻苦勵志（明治時期）
逸話集 17-11	百姓是大黑天	名人風範／仁	日	政軍	名君鍋島閑叟（鍋島直正，江戶時代末期大名）
逸話集 17-11	拒絕法官	名人風範／公正	英	政軍	英國政界人物勞賽德‧喬治（David Lloyd George）
美談集 17-12	無言之花	名人風範／仁	法國	政軍	西亞爾奈因嫌疑入獄，在獄中爲了一朵小花而向皇帝拿破崙上書，皇后感念其仁愛之心而釋放他
美談集 17-12	林肯的眼淚	名人風範／仁	美	政軍	林肯的正直與仁愛
逸話集 18-1	小蛇	名人風範／氣度	日	政軍	織田信長年幼時即展現其氣勢
道話集 18-1	鏡子是最老實的	自我精進／說理	中	政軍	鄒忌與齊王的故事

資料來源：《南瀛佛教》第十卷第九號～第十八卷第三號（台北：南瀛佛教會。1932.12～1940.3）。

說明：備註部分含摘引文本內容，以及筆者以關鍵字進行網路搜尋所得資訊。